MANUAL DE DEVOÇÕES A SÃO JUDAS TADEU

Pe. GERVÁSIO FABRI DOS ANJOS, C.Ss.R.

(organizador)

MANUAL
DE
DEVOÇÕES
A
SÃO JUDAS TADEU

DIAGRAMAÇÃO: Alex Luis Siqueira Santos
REVISÃO: Elizabeth dos Santos Reis
CAPA: Guilherme Antunes

ISBN 85-7200-945-0

3ª impressão

Todos os direitos reservados à EDITORA SANTUÁRIO – 2017

Rua Pe. Claro Monteiro, 342 – 12570-000 – Aparecida-SP
Tel.: 12 3104-2000 – Televendas: 0800 - 16 00 04
www.editorasantuario.com.br
vendas@editorasantuario.com.br

Apresentação

Nossa vida cotidiana é feita de momentos que se somam em dias, depois em anos. Nesta caminhada de filhos de Deus, gostamos de manifestar nossos sentimentos, nossas intenções e tudo aquilo que se passa em nosso interior. São os gestos com as mãos, o sorriso na face, as lágrimas nos olhos, ou a prece de nossos lábios. Tudo tem seu sentido e seu valor.

O *Manual de Devoções a São Judas Tadeu* tem o objetivo de ajudar seus devotos neste cultivo de sua manifestação de fé, de contato com Deus, de oração e preces nos momentos mais diversos da vida. Cabe a cada um usá-lo como lhe convier, e da forma que julgar mais adequada. Para isso o Manual traz, primeiramente, Catequese inicial – Principais orações da Comunidade Cristã e devoções cristãs – Atos Litúrgicos — Sacramentos – Devoção aos Santos.

Desejamos que este Manual se torne meio e instrumento para lembrá-lo do conselho de São Judas Tadeu: "Aproximai-vos de Deus e Ele se aproximará de vós". Que esta convivência com Deus aconteça também através de suas devoções, suas orações cotidianas e expressões de sua fé.

Introdução

Vida de São Judas

Quem foi São Judas Tadeu?

No tempo de Jesus dava-se muita importância ao nome. Quando uma pessoa mudava de profissão por intervenção divina, em geral recebia também um nome novo. São Pedro, que se chamava de *"Simão, filho de Jonas"*, recebeu de Jesus o nome novo de "Pedro", isto é, "pedra" para significar sua nova missão. As pessoas também eram identificadas pelo nome do pai ou do lugar onde nasceram. Assim lemos na Bíblia "Simão de Cirene", o Cireneu que ajudou Jesus a carregar a cruz (Lc 23,26). O mesmo aconteceu com São Judas, *filho de Tiago* (Lc 6,16) e também chamado de *"Tadeu"* por São Marcos e São Mateus (10,4). Seu nome consta entre os 12 apóstolos que Jesus escolheu para segui-lo.

São Mateus põe São Judas na lista dos "irmãos de Jesus" (13,56). No hebraico não existem palavras apropriadas para designar "irmão, tio, sobrinho", e para designar qualquer parentesco usa-se a palavra "irmão". Quem não sabe disso acaba pensando que Maria, a mãe de Jesus, teve outros filhos além de Jesus. Sabemos que não se trata de "irmãos" no sentido de nossa língua, mas simplesmente no sentido de primos ou parentes de Jesus, assim como aconteceu com Lot que era sobrinho de Abraão e no entanto Abraão, seu tio, lhe disse: "Rogo-te que não haja discórdia entre mim e ti pois somos irmãos" (Gn 13,8). São Judas, filho de Tiago, certamente era parente da família de Jesus a que se chamava pelo nome genérico de "irmãos".

Os parentes e familiares de Jesus, no princípio, não aceitavam a sua pregação e nem acreditavam nele (Mc 6,3; Jo 7,5). Quando passaram a acolher e acompanhar Jesus, a mãe de Tiago fazia parte do grupo de mulheres que seguiam Jesus e o serviam desde quando estava na Galileia. Pode-se perceber que a família de São Judas Tadeu tinha amizade e amava muito a Jesus. Com isso São Judas Tadeu — nome que era muito comum entre os judeus — distingue-se totalmente de Judas Iscariote que traiu Jesus.

No final da Última Ceia, São João conta que Jesus falava aos apóstolos sobre a traição que iria ter também por parte de São Pedro; e ao despedir-se dava-lhes o mandamento novo: "amai-vos uns aos outros" (Jo 13,34). Animava-os: "não se perturbe o vosso coração!... Naquele dia sabereis que eu estou no meu Pai, e vós em mim e eu em vós" (Jo 14,1.20). Foi então que São Judas Tadeu perguntou a Jesus: "Senhor, por que te manifestarás a nós e não ao mundo?" Esta sua pergunta deu margem para Jesus ensinar-lhes que o acolhimento às manifestações de Deus, o amor verdadeiro à Palavra de Deus e sua prática é que criam condições para uma pessoa entender aquilo que Ele revela ao nosso coração. A manifestação de Deus é o próprio Deus que vem a nós. Foi assim que Jesus lhe respondeu: "Se alguém me ama, guardará a minha palavra; meu Pai o amará e nós viremos e faremos nele a nossa morada. Quem não me ama, não guarda as minhas palavras. E a palavra que ouvis não é minha, mas do Pai que me enviou" (Jo 14,23-24).

Com a descida do Espírito Santo no Cenáculo, os apóstolos espalharam-se em várias regiões para "anunciar o evangelho a todos os povos", conforme mandou Jesus. São Judas Tadeu dirigiu-se para a Síria, Mesopotâmia e Armênia. O historiador Nicéforo diz que ele morreu martirizado em Edessa a golpe de machado. Escreveu às Comunidades Cristãs uma carta que leva o seu nome. Nessa carta ele critica fortemente os ímpios que se introduziram de modo disfarçado nas Comunidades Cristãs, desmoralizando-as. Suas relíquias são veneradas na Basílica de São Pedro, em Roma, para onde foram transferidas do Oriente para o Ocidente nos anos de 800, aproximadamente. São Judas é celebrado no Oriente no dia 19 de junho desde os primeiros séculos do cristianismo. Mais tarde expandiu-se também pelo Ocidente sendo sua festa celebrada pela liturgia, junto com São Simão, no dia 28 de outubro.

A devoção aos Santos

A devoção aos Santos é uma coisa boa, muito relativa a cada pessoa. Todos nós conservamos a memória de nossos pais, avós, filhos e filhas já falecidos. Lembrar-se dessas pessoas, a admiração e o carinho, expressões do amor por elcs é uma forma de devoção. Os santos – amigos e fiéis seguidores de Deus – tornam-se para nós exemplos, incentivos, irmãos em Cristo que nos precederam. Estão com Deus e a eles nos dirigimos quando rezamos. Tudo isto é devoção.

As imagens de santos são meios para nos recordarmos mais facilmente dessas pessoas que existem e estão em Deus. Assim como a fotografia não é a pessoa, mas imagem, e representa e faz lembrar a pessoa, assim também as imagens que usamos para mais facilmente nos lembrar desses nossos irmãos "santos e bem amados de Deus". O ídolo é uma criação falsa, um objeto ou coisa que se coloca no lugar de Deus. Você quando tem uma imagem de santo para lembrar-se de alguém não está descartando nem substituindo Deus. Ao contrário, está usando de uma figura que lembra uma pessoa que existiu e essa pessoa é filho ou filha de Deus e Deus realizou maravilhas em sua vida. Por isso a chamamos de "Santo ou Santa". Quem vive e está sempre unido com Jesus em seu coração – só ele é santo – também se torna santo pela comunhão e união com Jesus nosso Senhor e Salvador.

A Bíblia proíbe imagens? Sim, proíbe as imagens como representações falsas de Deus (Êx 20,3-6; Dt 5,7-10; Lv 19,4; Nm 25,1-18). Os pagãos faziam imagens como "deuses" e prestavam-lhes culto de Deus. É um desvio. Para o católico, nunca a imagem substitui Deus e nunca se presta culto de Deus a eles! Aos amigos se dá admiração, recordação, louvor, amizade, devoção, amor mas nunca adoração que se presta a Deus. A própria Bíblia autoriza fazer imagens verdadeiras que sustentam e nutrem a piedade do povo, assim como os anjos Querubins na Arca da Aliança e a serpente de bronze para lembrar ao povo de Deus o templo de Jerusalém onde iam rezar (Êx 25,17-22; Nm 21,4-9; 1Rs 6,4-5).

É importante lembrar-nos que nós somos "imagens e semelhança" de Deus (Gn 1,26); Jesus "é a imagem do Deus invisível" (Cl 1,15). Hoje, é importante lembrar que a idolatria, substituir Deus por coisas, acontece no dinheiro, na ganância do poder e do desenfreado prazer.

O Santuário

Todo Santuário católico tem um objetivo comum a ser alcançado: ser um lugar onde os fiéis encontram espaços de oração, de devoção, de evangelização; momentos em que possam manifestar externamente sua fé, seus anseios. A própria religiosidade popular transforma esses lugares em momentos de repouso, convivência, e até mesmo de lazer.

Buscando de maneira especial favorecer a religiosidade popular, esses lugares privilegiados pelo povo acentuam a evangelização, a organização no atendimento pessoal, os sacramentos, as celebrações eucarísticas, a formação espiritual e religiosa de seus peregrinos.

De maneira simples e acolhedora, o Santuário passa a dar espaço e ocasião específica para manifestação de seus sentimentos e expressões religiosas, como as promessas e votos que se fazem. Torna-se importante que – purificando a fé de nossa gente, sem ansiedade de mudar seus costumes e expressões pessoais – haja uma purificação e crescimento das atitudes realmente cristãs.

1ª. PARTE
ORAÇÕES INICIAIS

Para vós, meu Deus, volto minha face!

Sinal da cruz

Pelo sinal da Santa Cruz, † livrai-nos Deus, Nosso Senhor † de nossos inimigos. † Em nome do Pai, † do Filho e do Espírito Santo. Amém.

Glória ao Pai

Glória ao Pai, ao Filho e ao Espírito Santo. Assim como era no princípio, agora e sempre. Amém

Pai-Nosso

Pai nosso que estais no céu, santificado seja o vosso nome; venha a nós o vosso Reino! Seja feita a vossa vontade, assim na terra como no céu.

O pão nosso de cada dia nos dai hoje, perdoai-nos as nossas ofensas, assim como nós perdoamos a quem nos tem ofendido e não nos deixeis cair em tentação; e livrai-nos do mal. Amém.

Ave-Maria

Ave, Maria, cheia de graça, o Senhor está convosco; bendita sois vós entre as mulheres e bendito é o furto de vosso ventre, Jesus.

Santa Maria, mãe de Deus, rogai por nós pecadores agora e na hora de nossa morte. Amém.

Anjo do Senhor

O Anjo do Senhor anunciou a Maria,

— E ela concebeu do Espírito Santo.

Ave Maria, cheia de graça...

Eis aqui a serva do Senhor!

— Faça-se em mim segundo a vossa palavra.

Ave Maria, cheia de graça...

E o Verbo de Deus se fez carne.

— E habitou entre nós.

Ave Maria, cheia de graça...

Rogai por nós, Santa Mãe de Deus.

— Para que sejamos dignos das promessas de Cristo.

Oremos

Infundi, Senhor, nós vos rogamos, a vossa graça em nossos corações, para que nós que conhecemos pela anunciação do Anjo a encarnação de Jesus Cristo vosso Filho, por sua paixão e morte na cruz, cheguemos à glória da ressurreição. Pelo mesmo Cristo, nosso Senhor. Amém.

Salve-Rainha

Salve, Rainha, mãe de misericórdia, vida, doçura e esperança nossa, salve! A vós bradamos os degredados filhos de Eva; a vós suspiramos, gemendo e chorando neste vale de lágrimas. Eia, pois, advogada nossa, esses vossos olhos misericordiosos a nós volvei e depois deste desterro, mostrai-nos Jesus, bendito fruto de vosso vente, ó clemente, ó piedosa, ó doce sempre Virgem Maria.

Rogai por nós, Santa Mãe de Deus!

Para que sejamos dignos das promessas de Cristo.

Profissão de Fé

Creio em Deus Pai todo-poderoso,/ criador do céu e da terra. /E em Jesus Cristo, seu único Filho, nosso Senhor, /que foi concebido pelo poder do Espírito Santo; /nasceu da Virgem Maria; /padeceu sob Pôncio Pilatos,/ foi crucificado, morto e sepultado; /desceu à mansão dos mortos, /ressuscitou ao terceiro dia, /subiu aos céus; /está sentado à direita de Deus pai todo-poderoso,/ donde há de vir julgar os vivos e os mortos./ Creio no Espírito Santo; / na Santa Igreja católica;/ na comunhão dos santos; na remissão dos pecados;/ na ressurreição da carne;/ na vida eterna. Amém.

Ato de Fé

Ó meu Deus, creio em vós que sois Pai bondoso e criador de tudo o que existe. Creio em vosso

Filho Jesus Cristo, nascido da Virgem Maria, que nos dá o verdadeiro caminho, a verdade e a vida. Creio no Divino Espírito Santo que nos comunica o vosso amor e a vida nova através de Jesus. Aumentai a minha fé.

Ato de Esperança

Deus misericordioso e sempre fiel nas vossas promessas, espero viver a vossa amizade e realizar sempre a vossa vontade em minha vida. Unido com Jesus Cristo, espero com ele a vida eterna do céu. Divino Espírito de Amor, aumentai a minha esperança!

Ato de Caridade

Ó meu Deus, eu vos amo de todo o meu coração como nosso Pai único e santo; em vós quero amar todos os meus irmãos e irmãs que vós criastes! Amo vosso Filho Jesus, meu salvador e Senhor. Unido a Ele quero praticar o bem e evitar o mal para vossa honra e glória. Amo a vós, Divina Luz, Espírito Santo de Deus! Inflamai o meu amor a Deus, a vós, Trindade santa.

Ato de Contrição

Senhor, eu me arrependo sinceramente do mal que pratiquei e do bem que deixei de fazer.

Reconheço que ofendi a vós, meu Deus e meu Senhor, e prejudiquei o meu próximo. Prometo, ajudado pela vossa graça, não mais pecar e também reparar o mal que pratiquei. Meu Jesus, misericórdia, e perdoai todos os meus pecados! Assim seja!

Oração à Santíssima Trindade

Ó Deus, nosso Pai, enviando ao mundo vosso Filho Jesus, nosso caminho, verdade e vida, e por Ele nos dando Espírito santificador, revelastes o vosso inefável mistério. Fazei que, professando a verdadeira fé, reconheçamos a glória da Santíssima Trindade e vos adoremos na unidade onipotente. Que o vosso Espírito Santo venha em auxílio de nossa fraqueza e reze em nós como vos agrada. Que Ele permaneça sempre em nós, nos guie e nos ilumine. Que vós, Trindade Santa, sejais sempre adorada e glorificada em Deus o Pai, o Filho e o Espírito Santo. Amém.

Oração de louvor

Deus santo, Deus único e Trindade eterna, vós que estais acima de nós e vos dignastes fazer morada em nossos corações, eu vos louvo, adoro e agradeço assim como um filho a seu pai!

Conservai-me no vosso amor, e unido a vós conservai-me unido a todos os meus irmãos. Que tudo em nós se transforme em vossa honra, glória, louvor!

Senhor, dai-me um espírito puro que eu possa vos enxergar. Um espírito humilde para vos acolher, ouvir e vos amar. Um espírito decidido para que possa vos servir com fidelidade. Dai-me, Senhor, o vosso Espírito de Amor para que eu possa sempre permanecer em vós! Amém.

2ª. PARTE
VIVER O DIA COMO CRISTÃO

"O Senhor é a luz de minha vida"

Todo cristão deve estar atento a uma vida que acontece dentro de si mesmo, "a vida do espírito" ou vida de união com Deus e com sua santa vontade. Essa união com Deus só existe quando a pessoa – aos poucos – adquire o hábito de se relacionar com Ele no decorrer do dia, de maneira especial em certos momentos de oração. Há muitas orações que o cristão sabe rezar— a sós ou junto com os irmãos — em fórmulas comuns e que sempre nos lembram de Deus em nosso dia. Ser fiel a esses atos de piedade é básico para que não se descuide do principal: nossa união com Deus.

Ao despertar

Em nome do Pai, do Filho e do Espírito Santo. Amém.

Meu Deus e meu Pai, eu vos louvo e agradeço o novo dia que me dais. Guiai meus passos para o bem e defendei-me de todos os perigos. Concedei-me vossa sabedoria no meu trabalho e a bondade, a paciência, o vosso amor para com todos os meus irmãos. Senhor, fazei-me um instrumento de vossa misericórdia para com todos, e a todos possa servir com amor. Quero seguir vossa santa vontade e em tudo que me acontecer, seja para vossa glória. Amém.

Rezar a Ave-Maria e o Glória ao Pai...

ou

Meu Senhor e meu Deus, eu creio em vós e em vós espero toda graça e proteção. Quero amar-vos sinceramente em toda a minha vida e vos agradeço mais este dia que começa. Eu vos agradeço porque estou com vida e hoje posso vos amar e servir em meus irmãos. Bom Deus, eu vos ofereço este dia com todas as suas alegrias e sofrimentos, com todos os meus trabalhos e divertimentos, tristezas e alegrias. Que eu saiba nestes momentos permanecer convosco. Guardai-me do pecado e tornai-me instrumento de vossa paz e de vosso amor.

ou

No princípio deste dia, a vós Senhor eu suplico para que em todas as minhas ações haja a perfeição de vosso amor. Moderai minha língua; segurai minhas palavras ofensivas; velai sobre meus olhos para que não sejam seduzidos por coisas vãs; preservai-me do orgulho e edificai meu espírito na honestidade, na verdade e misericórdia, longe da usura, do ódio e da ganância. Quando chegar o fim do dia e voltar a noite, que eu permaneça convosco, meu Senhor e meu Deus, de mãos limpas e o coração puro do pecado, para honra e glória vossa. Amém.

No trabalho

Os santos – exemplos de vida para nós – aconselham a se fazer uma breve oração antes do trabalho e principalmente nos momentos difíceis da vida, ou de decisões importantes.

Jesus, Maria e José, exemplos de vida em acordo com a vontade de Deus, concedei-me a saúde para poder trabalhar, servir e sustentar minha família. Senhor, que os frutos de meu trabalho também se tornem meios para praticar o amor e a caridade com os mais necessitados. Jesus manso e humilde de coração, permanecei junto a nós, para que também meus companheiros tenham a sabedoria e o contentamento de permanecer unidos em vosso nome. Amém.

ou

Senhor meu Deus, ajudai-me a fazer sempre vossa vontade. Afastai-me do erro, abençoai este meu trabalho e que tudo seja para vosso louvor, honra e glória. Amém.

ou

Eu creio, Deus meu Pai e Criador, na vossa bondade e amor para comigo. Quero trabalhar com amor e por amor, unido com vosso filho Jesus Cristo, na vossa paz e alegria. Amém.

ou

Senhor, estendei vossa mão e abençoai meus companheiros de trabalho; protegei-nos e conservai-nos unidos em vosso nome. Amém.

Nas refeições

Abençoai, Deus bondoso, estes alimentos de nossa refeição que de vós recebemos. Obrigado, Senhor por todos os vossos dons. Amém.

ou

Permanecei conosco, Senhor, nesta refeição. Com o alimento que recebemos, concedei-nos também a vossa bênção, a paz e a alegria de vossa presença entre nós. Amém.

ou

Deus nosso Pai, ensinai-nos a viver unidos uns com os outros no vosso amor e na vossa paz. Dai-nos a saúde do corpo e da alma para que sejamos simples, humildes de coração no serviço ao nosso irmão. Obrigado, Senhor, pelo alimento que hoje nos dais! Amém.

Após a refeição

É um bom costume cristão, após a refeição, fazer ao menos o "Nome do Pai" e uma breve prece espontânea, por exemplo:

Obrigado, Senhor meu Deus, por tudo que agora recebi de vossa bondade. Concedei também aos meus irmãos o alimento de cada dia. Amém.

ou:

Nós vos agradecemos, Deus Pai, o alimento que recebemos pela vossa bondade. *Glória ao Pai / Filho / Espírito Santo...*

ou:

Senhor, eu vos louvo, agradeço e bendigo pelo alimento que acabei de tomar. Fazei-me também generoso com meus irmãos em servir e ajudá-los sempre. Amém.

ou:

Obrigado, meu Deus! Com o alimento que refaz minhas forças, ajudai-me a dar a vida a serviço de meus irmãos. Amém.

Ao repousar

Em nome do Pai, do Filho e do Espírito Santo.

Obrigado, meu Deus, por mais esse dia que passou. Perdoai-me minhas faltas, e concedei-me um sono tranqüilo para que amanhã eu vos possa servir melhor, a vós meu Deus e em todos os meus irmãos, vossos filhos.

Que o Senhor me abençoe, me guarde e me defenda, em nome do Pai, do Filho e do Espírito Santo. Amém. (*rezar 3 Ave-Marias*)...

ou

Deus meu socorro, minha luz e minha salvação, guardai e protegei a mim e a toda a minha família neste momento de nosso repouso. Mais um dia se passou e a noite se aproxima com seu silêncio e trevas. Senhor, ficai comigo nesta noite e guardai-nos na luz de vosso amor. Em vossas mãos, Senhor, entrego o meu espírito, vós que sois meu socorro. Salvai-nos enquanto velamos, guardai-nos enquanto dormimos para que vigiemos com Cristo e com ele repousemos em paz. Amém.

ou

Senhor, vós fostes um refúgio para nós e nos saciastes com o vosso amor durante todo este dia que já chega ao fim; Deus eterno, não permitais que nossos corações se perturbem, dai-nos segurança em nossa noite, cumulai-nos de vossa alegria, e esperemos no silêncio e na paz que se levante também sobre nós a luz da vossa Ressurreição.

ou

Senhor Jesus Cristo cujo fardo é leve e o vosso jugo é suave, vimos colocar em vossas mãos o fardo deste dia; concedei-nos que encontremos junto de vós o repouso seguro. Nós vos suplicamos, visitai esta casa e afastai para longe de nós as ciladas do inimigo. Venham habitar entre nós os vossos santos anjos para nos guardar em paz e que a vossa bênção permaneça conosco para sempre. Amém.

Prece de proteção do dia

Senhor, abri meus olhos para as maravilhas de vossos dons e de vosso amor. Como um cego a caminhar, nem sempre consigo ver as belezas do espírito, as necessidades de meus irmãos. Senhor, curai-me, eu vos quero ver!

Senhor, abri minhas mãos que muito se fecham para tudo guardar. Iluminai meu espírito para que sinta a alegria de vos servir e vos amar em cada irmão que tem fome, que tem sede, que está doente ou que tem frio. Ensinai-me a partilhar!

Senhor, fazei que eu ouça os gritos de todos os meus irmãos e que meu coração se abra aos sofrimentos e aos apelos dos mais necessitados. Enfim, Senhor, fazei-me andar por mais duro que seja o caminho. Eu quero vos seguir até a cruz, ajudai-me e tomai minha mão. Guardai minha fé diante de tanta incredulidade daqueles que pedem a vossa morte. Meu Senhor e meu Deus, antes que a noite chegue, ajudai-me no peso deste dia e ficai comigo para que vos louve. Amém.

COMO FAZER MEDITAÇÃO

Chama-se "Meditação" o modo de rezar e que alguns preferem dizer "orar", quando após a leitura de um texto ou passagem da Bíblia e até mesmo uma frase, refletimos no que ela significa para nós. Após ou junto com esta reflexão: deixamos nossas emoções se transformar em afetos para com Deus. Deve-se dar espaço a este diálogo com Deus a partir de uma reflexão: básica ou verdadeira que nos conduz a "orar ao Senhor". Santo Afonso Maria diz que os bons propósitos nascem da meditação, deste repouso e momento exclusivo entre Deus e nós. Dá-se tempo a tantas coisas, é preciso também dar tempo, falar e ouvir Deus no silêncio de nosso interior. Eis um exemplo:

1. Prece inicial

Em nome do Pai, do Filho e do Espírito Santo. Amém.

Vinde, Espírito Santo, enchei os corações de vossos fiéis com a luz do Espírito Santo, e fazei que apreciemos retamente todas as coisas segundo o mesmo Espírito e gozemos sempre da sua consolação. Por Cristo, Senhor nosso. Amém.

Ave Maria... Glória ao Pai...

2. Leitura: Mt 7,21.24-25

"Nem todo aquele que diz Senhor, Senhor entrará no Reino do Céu. Só entrará aquele que põe em prática a vontade do meu Pai que está no céu. Portanto, quem ouve essas minhas palavras e as põe em prática é como o homem prudente que construiu sua casa sobre a rocha. Caiu a chuva, vieram as enxurradas, os ventos sopraram com força contra a casa, mas ela não caiu porque foi construída sobre a rocha."

3. A reflexão: *sobre o que se leu ou ouviu:*

Não basta só ouvir mas é importante fazer a vontade de Deus. Eu estou ouvindo, vou atrás e pratico a vontade de Deus? Às vezes sim, outras vezes não. Por exemplo, estou faltando muito à missa no fim de semana, não leio nada do Evangelho. Estou construindo a minha vida, *"a casa"*, na rocha? na areia? Se não busco, não escuto, não pratico o que Deus pede, só tenho que cair, cair até quando? Não quero viver no pecado e na desgraça de viver sem Deus.

4. Afetos e preces

Meu Deus, sinto que não estou bem, não estou fazendo a vossa vontade; ando longe da religião; não cuido do meu espírito e de *"minha casa"*. Perdoai-me, Jesus, estendei vossa mão e ajudai-me, pois, eu quero ser melhor e quero com vossa graça fazer a vontade de Deus. Eu sinto que devo seguir mais a religião, rezar mais, buscar o caminho do bem, praticar mais a caridade com os outros, ser mais bondoso em casa; ser mais consciencioso nos meus negócios. Principalmente eu preciso rezar mais. Ajudai-me!

(Santo Afonso aconselha a pedir também a Nossa Senhora ou a seu santo padroeiro (S. Judas Tadeu) a força para seus propósitos.)

5. Conclusão

Obrigado, Senhor, pelo alimento e pela vossa palavra em meu coração. Maria, mãe de Jesus, fazei que a Palavra de Deus cresça e frutifique em minha vida. Amém.

Sugerimos algumas passagens do Evangelho para sua meditação, e que podem terminar com preces a S. Judas Tadeu.

União de Vida com Jesus Cristo
Evangelho de S. João, cap. 15, 1-12

"Eu sou a videira e meu Pai é o agricultor. Todo o ramo em mim que não produz frutos, ele o corta e todo o que produz fruto ele o poda para que produza mais frutos ainda... Como o ramo não pode dar fruto por si mesmo, se não permanecer na videira, assim também vós, se não permanecerdes em mim. Aquele que permanece em mim e eu nele produz muitos frutos; porque sem mim, nada podeis fazer! Assim como o Pai me amou também eu vos amei. Permanecei no meu amor. Se observais os meus mandamentos permanecereis no meu amor. Este é o meu preceito: amai-vos uns aos outros como eu vos amei!

A mim o fizestes!
Evangelho de S. Mateus, cap. 25, 34-40

"Dirá o Rei: Vinde, benditos de meu Pai, recebei a herança do Reino preparado para vós desde o começo do mundo! Pois tive fome e me destes de comer, tive sede e me destes de beber; Era peregrino e me acolhestes; nu e me vestistes; doente e me visitastes, preso e viestes me ver. Então os juntos perguntarão: Senhor, quando foi que te vimos

assim? E o Rei responderá: eu vos garanto, cada vez que o fizestes a um desses meus irmãos mais pequenos, foi a mim que o fizestes!"

O Pão Vivo

Evangelho de S. João, cap.6, 51-58

"Eu sou o pão vivo descido do céu. Quem comer deste pão viverá eternamente. O pão que eu darei é a minha carne para a vida do mundo. Em verdade vos digo, se não comerdes a carne do Filho do Homem e não beberdes o seu sangue, não tereis a vida em vós. Quem come a minha carne e bebe o meu sangue tem a vida eterna e eu o ressuscitarei no último dia; permanece em mim e eu permaneço nele!"

3ª. PARTE
ORAÇÕES A SÃO JUDAS TADEU

"São Judas, conduzi-nos ao Senhor Jesus!"

Na vida prática de um católico, Jesus é o único centro de seus atos e de seu comportamento cristão. Em Cristo encontramos todos aqueles que conviveram com ele, assim como todos os seus seguidores, os santos. Embora a "devoção aos santos" não seja necessária, poderá tornar-se um meio valoroso em nossa caminhada de vida, de acordo com os sentimentos e preferências de cada um. É importante, a partir de Cristo – caminho, verdade, vida – conservar nossa união com os irmãos, também os santos que vivem no Paraíso, assim como todos os falecidos.

Oração a São Judas Tadeu

Senhor, Deus eterno e todo-poderoso, nós vos bendizemos e glorificamos em todos os vossos santos. Queremos louvar-vos por meio de São Judas Tadeu, sob cuja proteção nos colocamos. Concedei-nos, por sua intercessão, a graça de vos servir nesta vida cumprindo os vossos mandamentos; e, terminada a nossa peregrinação terrena, possamos ser recebidos entre os vossos eleitos, para vos amar e louvar por toda a eternidade.

— **Amém.**

NOVENA A
SÃO JUDAS TADEU

Orações iniciais para todos os dias

— Em nome do Pai, do Filho e do Espírito Santo.

— **Amém.**

— Vinde, Espírito Santo, enchei o coração de vossos fiéis com a Luz de vosso Espírito, e acendei neles o fogo de vosso amor.

— Enviai o vosso Espírito e tudo será criado!

— **E renovareis a face da terra...**

— OREMOS: Ó Deus, que iluminastes o corações de vossos fiéis com a luz do Espírito Santo, concedei-nos que pelo mesmo Espírito Santo saibamos sempre o que é correto, e gozemos sempre de sua consolação, por Cristo Senhor nosso.

— **Amém.**

Oferecimento da novena

Senhor Jesus Cristo que chamastes São Judas Tadeu para vos seguir e o constituístes vosso

Apóstolo eu vos suplico, nesta novena, todas as graças espirituais necessárias para minha salvação. De maneira especial quero colocar junto de vós, glorioso São Judas Tadeu, minha prece pela graça que vos peço (*pedir a graça particular da novena*). Concedei-me a firmeza na fé e a constância na prática dos ensinamentos de Jesus. Inflamai minha vontade para que eu seja fiel seguidor da Igreja. Socorrei-me na tentação e defendei-me do pecado e de todo o mal. São Judas Tadeu, rogai por nós!

Reflexão e Oração do dia

(ver à frente, próprio de cada dia)

Conclusão

Pelas intenções da Novena: Pai-nosso; Ave-maria; Glória ao Pai, ao Filho e ao Espírito Santo...)

Oração final

Glorioso São Judas Tadeu, com toda a confiança de meu coração eu renovo nesta novena os pedidos espirituais e materiais de que necessito, por mim e por todos os meus irmãos. Suplicai a Jesus por nós e não permitais que nos afastemos de Deus em nossa vida. Conservai-nos firmes na fé e nos ensinamentos de Jesus. Dai-nos a paz e a serenidade de espírito para que vivamos felizes com a proteção divina. Amém.

1º. DIA:
A NOSSA FÉ EM DEUS

(Orações iniciais, p. 34.)

PALAVRA DE DEUS: "Aquele que acredita que Jesus é o Filho de Deus, Deus permanece nele e ele permanece em Deus. Nós temos reconhecido o amor que Deus tem por todos nós e acreditamos nesse amor... Todo aquele que acredita que Jesus é o Cristo, esse nasceu de Deus" (1Jo 4,15-16; 5,1)

REFLEXÃO: A fé é acolher, de coração, Deus Pai e Jesus Cristo que ele enviou a este mundo como a maior prova de seu amor por nós. Há pessoas que imaginam a fé como se fosse uma pura conquista pessoal e fruto de sabedoria humana. Enganam-se. Ela é um presente de Deus, fruto da iluminação divina que provoca um novo modo de ser e de viver para Deus. Por isso a Fé produz boas obras e nos ajuda a ver Deus, as pessoas e o mundo de maneira diferente. Esse presente de Deus merece cuidados. Só é possível conservar a fé através da simplicidade, da humildade e envolvendo-se cada vez mais com a pessoa de Jesus. Proteja sua fé não permitindo que os maus costumes, o pecado do prazer, o apego e a ganância as coisas que passam, o rancor e o ódio e as injustiças abafem sua fé em Deus. São Judas demonstrou sua fé em Jesus em todo o tempo que conviveu com ele. Mas sua fé foi duramente provada em seu martírio quando derramou seu sangue por Jesus e seu Evangelho. Também em nossos tempos de hoje é preciso ser perseverante na fé.

ORAÇÃO: Glorioso São Judas Tadeu, seguidor fiel de Jesus, eu vos suplico nesta novena a graça de conservar e aumentar a minha fé em Deus, em Jesus e nos seus ensinamentos. Livrai-me do pecado que endurece o meu coração, cega a minha alma, afasta-me do amor a Deus e aos meus irmãos. Eu vos suplico neste momento vossa ajuda para viver uma vida segundo vosso exemplo de fé em Jesus Cristo e em tudo o que nos ensinou. Meu santo protetor São Judas, livrai-me da dissolução dos bons costumes que levam as pessoas a desprezar a amizade de Deus e a enfraquecer a sua fé. A vós também me recomendo, Maria Mãe de Deus, refúgio dos pecadores. Amém.

2º. DIA:
PLANO DE DEUS E A
VOCAÇÃO (Ef 1,3ss)

(Orações iniciais, p. 34.)

PALAVRA DE DEUS: "Deus nos escolheu, antes da fundação do mundo, para sermos santos e íntegros diante dele, no amor. Conforme o desígnio benevolente de sua vontade ele nos predestinou à adoção como filhos, por obra de Jesus Cristo, para o louvor de sua graça gloriosa" (Ef 1,4-6).

REFLEXÃO: Deus é a fonte de toda a vida; ele é a perfeição eterna e imensa do Amor que nunca se esgota nem termina. Desviar-se ou desligar-se desta fonte é o que chamamos de pecado. Sem Deus toda criatura humana destrói a si mesma e se afasta do que Ele mais deseja de nós: fomos criados para chegar à plenitude da vida e do seu Amor Eterno, da felicidade e contemplação de sua glória. Para isso, sejamos santos e íntegros diante dele, como filhos e através de Jesus Cristo. Não se ama o que não se conhece; não se procura o que não se dá valor. É importante reconhecer Deus acima de tudo; buscar Deus através de uma vida santa; conservar a fé através de atitudes íntegras de quem tem consciência... São Judas foi chamado e escolhido por Deus para uma missão de ser apóstolo de Jesus e de ser o pregador na Síria, na Mesopotâmia e na Armênia.

ORAÇÃO: A vós recorro, meu bondoso protetor São Judas Tadeu, concedei-me a graça de ser santo e íntegro aos olhos de Deus que me criou e me chamou para viver com Ele e nele, segundo os seus desígnios de tanta bondade. Ajudai-me, glorioso apóstolo de Jesus, a viver na amizade com Deus, a realizar nesta vida tudo o que ele designou para mim. Sem a graça de Deus, posso perturbar este plano de meu Criador através do pecado. São Judas Tadeu, ajudai-me a ser santo e a cumprir a vontade de Deus, agora e sempre. Amém.

3º. DIA:
PERMANECER UNIDOS
EM CRISTO

(Orações iniciais, p. 34.)

PALAVRA DE DEUS: "Como o ramo não pode dar frutos por si mesmo se não permanecer na videira, assim também vós não podereis dar fruto se não permanecerdes em mim... Aquele que permanece em mim e eu nele dará muitos frutos; pois, sem mim, nada podeis fazer" (Jo 15,4-5). "Quem adere ao Senhor torna-se com Ele um só espírito!... Acaso ignorais que o vosso corpo é templo do Espírito Santo que mora em vós e que o recebestes de Deus? Ignorais que não pertenceis a vós mesmos?"(1Cor 6,17,19).

REFLEXÃO: Não existe moeda de um lado só! Fazemos parte de Cristo, pois somos ramos da mesma árvore cujo tronco é Jesus. Todo cristão é chamado a viver e permanecer unido a Ele, e sem ele não se faz nada; não se produz frutos; não se tem vida na alma; estaremos mortos como seco e morto é o galho separado da árvore.

São Judas Tadeu tornou-se zeloso apóstolo porque ele procurou sempre estar unido a Jesus. Sua decisão de segui-lo, sua escolha, o desejo de amá-lo sempre, de dar a vida por ele, transformaram São Judas numa pessoa entusiasmada e pronta em fazer de tudo pelo seu mestre Jesus. Os cristãos de seu tempo puderam ver nele o quanto a vida de Deus estava presente em sua alma; com que ardor ele falava e testemunhava esse ideal cristão: permanecer unidos em Jesus. Isso nos faz cristãos, isso nos faz família de Jesus!

ORAÇÃO: Senhor Jesus, eu quero permanecer sempre unido convosco na vida nova que me destes no Batismo. Senhor Jesus, por intercessão de São Judas Tadeu, quero seguir-vos em toda a minha vida, apesar de todas as dificuldades que enfrento e das tentações que me cercam para me afastar de vós. Bom Jesus, ajudai-me a ser fiel nesses meus desejos e propósitos.

Bondoso São Judas Tadeu, aumentai minha fé em Jesus, defendei-me do pecado, principalmente da tentação em trocar a vida de Deus pelos prazeres e coisas que ocupam o seu lugar em meu coração. São Judas, rogai por nós! Amém.

4º. DIA:
A IGREJA,
A FAMÍLIA DE JESUS

(Orações iniciais, p. 34.)

PALAVRA DE DEUS: Jesus funda a Igreja e assegura-lhe sua perene presença: "Tu és Pedro, e sobre esta pedra edificarei a minha Igreja, e os poderes do inferno jamais conseguirão dominá-la... E eu estarei sempre convosco, até o fim do mundo... Onde dois ou três estão reunidos em meu nome, ali estou eu no meio deles!" (Mt 16,18; 28,20; 18,20). "Não existe mais judeu nem grego; não existe mais escravo nem livre; não existe mais homem nem mulher, porque todos vocês são um só em Cristo Jesus" (Gl 3,28).

REFLEXÃO: A Igreja é como nossa família onde Cristo é o centro, onde Jesus é fundamento, raiz, tronco e nós os ramos unidos a ele, e através dele recebemos a seiva da vida de Deus. Sem ele perdemos a graça que santifica, o dom da vida divina. Como na família, somos irmãos na mesma fé, ao redor do mesmo Jesus, o Filho Único e Ungido do Pai. São Paulo comparava Jesus à cabeça do corpo e nós cristãos os seus membros batizados no mesmo Espírito. Por isso Jesus se torna um para todos, e é um absurdo querer viver fora desta família de Jesus, separados. Nunca se pode querer "converter" alguém mais para a sua religião, para o seu grupo, para a sua igreja, pois, "somos um só em Cristo Jesus" (Gl 3,28).

ORAÇÃO: Glorioso São Judas Tadeu, alcançai-me a graça de compreender e aceitar sempre Jesus em minha vida. "Vinde, Senhor Jesus, e possuí todo o meu ser, minha mente e meu coração. Eu quero vos seguir; eu quero estar sempre unido convosco". E vós, São Judas Tadeu, ajudai-me neste propósito de sempre permanecer na família de Jesus, a sua Igreja. Dai-me força para sempre cumprir com fidelidade os meus deveres de católico para com Deus e a Igreja. Amém.

5º. DIA:
A FÉ MOSTRA-SE NA PRÁTICA

(Orações iniciais, p. 34.)

PALAVRA DE DEUS: "Meus irmãos, que adianta alguém dizer que tem fé, quando não a põe em prática? A fé seria capaz de salvá-lo? Aos irmãos que falta a comida ou que não têm o que vestir, se lhes disser: 'Ide em paz, aquecei--vos, comei à vontade' sem lhes dar o necessário para o corpo, que adianta isso? Assim também a fé se não se traduz em ações, por si só está morta... Assim como o corpo sem o espírito é morto, assim também a fé que não se põe em prática é morta" (Tg 2,14-17.26). Os demônios creem isso, e estremecem de medo... A fé concorre para as ações e as ações completam a fé. É o agir porque se ama muito.

REFLEXÃO: Muita gente pensa que fé é um sentimento apenas, enquanto que a fé supõe o acolhimento da pessoa de Jesus como Filho de Deus e de tudo o que ele ensina e manda fazer. É o que adverte São Tiago quando diz que acolher Jesus significa também fazer o que ele mandou. "Não são aqueles que dizem *Senhor! Senhor!* que entrarão no Reino do Céus mas aquele que ouve minhas palavras e as põe em prática", diz Jesus (cf. Mt 7,21-24). Praticar boas obras, principalmente ao nosso irmão mais necessitado, e fazê-lo em nome e por amor a Jesus Cristo, deve tornar-se a coisa mais frequente em nossa vida. Não basta só não fazer o mal, é preciso praticar o bem, todos os dias.

ORAÇÃO: Senhor, aumentai a minha Fé! Senhor, dai-me força para vos amar, todos os dias, através do meu próximo. Senhor, abri os meus olhos para vos enxergar em cada irmão; abri o meu coração para vos servir com boas obras a todos os que de mim se aproximarem.

A vós recorro, meu protetor São Judas Tadeu, e obtende-me a graça de purificar a minha mente e o meu coração para que o egoísmo se afaste de mim e eu compreenda que Jesus me chama para uma vida mais cristã, mais caridosa, de maior testemunho em compartilhar tudo com meu próximo. Amém.

6º. DIA:
A TENTAÇÃO PARA O MAL

(Orações iniciais, p. 34)

PALAVRA DE DEUS: "Ninguém ao ser tentado deve dizer: É Deus que tenta, pois Deus não pode ser tentado pelo mal e menos ainda tentar alguém. Cada qual é tentado por sua própria concupiscência, que o arrasta e seduz. Em seguida, a concupiscência concebe o pecado e o dá à luz; e o pecado, uma vez maduro, gera a morte" (Tg 1,13-15).

REFLEXÃO: Há pessoas que consideram a tentação como uma fraqueza ou deficiência. Não é assim. A tentação faz parte da possibilidade que temos de escolher entre dois caminhos, do bem ou do mal. Devemos, sim, estar atentos às solicitações que nos impelem para o pecado. O pecado vem da nossa própria concupiscência e nos arrasta e nos seduz. É preciso estar atentos com as ocasiões de pecar, com as imprudências, com a falta de vigilância. Você reza sempre "não nos deixeis cair na tentação", como pede Jesus? Muitos cristãos não progridem na fé porque são imprudentes, não rezam sempre e não são cuidadosos com as tentações do mundo de hoje.

ORAÇÃO: Senhor Jesus Cristo, meu Deus e meu Salvador, eu vos suplico por intercessão de São Judas: iluminai a minha mente, fortificai a minha vontade, purificai o meu pobre coração tão frágil diante das tentações para o mal. Dai-me, Senhor, o verdadeiro arrependimento de todos os meus pecados e a compreensão de que jamais serei feliz seguindo o caminho do mal. Por intercessão de São Judas, concedei-me a graça de rezar sempre, a graça de vos invocar em todos os momentos de ansiedades, de dúvidas e ocasiões de pecar. Senhor, não nos deixeis cair na tentação, e livrai-nos de todo mal. Amém.

7º. DIA:
PURIFICAR-SE DAS PAIXÕES

(Orações iniciais, p. 34.)

PALAVRA DE DEUS: "De onde vêm as guerras? De onde vêm as brigas entre vós? Não vêm precisamente das paixões que estão em conflito dentro de vós? Cobiçais, mas não conseguis ter. Matais, fomentais inveja, mas não conseguis êxito. Brigais e fazeis guerra, mas não conseguis possuir... não sabeis que a amizade com o mundo é inimizade com Deus? Aproximai-vos de Deus e ele se aproximará de vós. Limpai as mãos e purificai os corações, homens ambíguos!" (Tg 4,1-4.8).

REFLEXÃO: Muitos de nossos sofrimentos são causados por nós mesmos. Sempre que alguma paixão toma conta de nossa vida, sofremos e fazemos outros sofrerem. É assim com os vícios da bebida, da droga, do jogo, da ganância. Há também a falta de vigilância conosco mesmos diante das tentações. Quando não evitamos as ocasiões de pecar, facilmente caímos no pecado da luxúria, da exploração do outro, do ódio, da vingança, da inveja, do orgulho, da vaidade. Quanta imprudência se comete com meios que nos levam ao pecado e a perder valores cristãos, valores morais, valores humanos. É preciso tomar a decisão de não ir na onda do mundo, mas estar sempre na barca de Jesus!

ORAÇÃO: Espírito Santo de Deus, por intercessão de vosso apóstolo São Judas Tadeu, concedei-me nesta novena e em toda a minha vida a graça da purificação de meus pecados, de minhas paixões e de tudo o que me afasta de Deus. Iluminai, Divino Espírito, minha inteligência e minha alma, fortificai minha vontade e meu coração para afastar de minha vida cristã tudo aquilo que não é digno de Jesus. Meu bondoso protetor São Judas Tadeu, ajudai-me a me aproximar de Deus e ele se aproximará de mim! Amém.

8º. DIA:
ESCUTAR, FALAR E FAZER

(Orações iniciais, p. 34.)

PALAVRA DE DEUS: "Cada um deve ser pronto para ouvir, mas moroso para falar e moroso para se irritar. Pois a cólera do homem não é capaz de realizar a justiça de Deus. Por essa razão rejeitai toda impureza e todos os excessos do mal, mas recebei com mansidão a Palavra que em vós foi implantada, e que é capaz de salvar-vos. Todavia, sede praticantes da Palavra, e não meros ouvintes, enganando-vos a vós mesmos" (Tg 1,19-24).

REFLEXÃO: Quantas vezes não conseguimos ser felizes porque não conseguimos ser "prontos para ouvir, morosos para falar, prudentes para agir, tardios para se irritar". É porque não praticamos ainda a Palavra de Deus que nos ensina a ser bondosos e mansos, como filhos de Deus. Quem ama a Deus conserva a paz no coração e a deixa transparecer no rosto, no escutar, no falar, no próprio agir. A bondade e a mansidão são virtudes que nascem do amor de Deus. A caridade é benigna, mansa e humilde. Como filhos de Deus, o cristão é chamado a ouvir, a falar, a fazer tudo com amor na mansidão e na bondade.

ORAÇÃO: Bom Jesus, por intercessão de São Judas ajudai-me a ser manso e humilde de coração. Ajudai-me a ser bondoso e misericordioso especialmente com os mais pobres e necessitados; com os doentes e os mais idosos. Fazei-me bondoso no falar, prudente no agir, sempre pronto e atento no ouvir a todos os que de mim se aproximarem. São Judas, meu santo protetor, alcançai-me de Jesus a graça de ser instrumento da alegria e da paz, do perdão e do amor. Livrai-me da tentação do ódio, das desavenças, de toda irritação que me rouba a felicidade e amargura o meu próximo. São Judas, ajudai-me a ser feliz em Deus. Amém.

9º. DIA:
A ORAÇÃO

(Orações iniciais, p. 34.)

PALAVRA DE DEUS: "Vigiem e rezem para não caírem na tentação. Sejam perseverantes na oração. Em todas as necessidades recorram à oração e à prece, envolvidas de agradecimentos, para apresentar seus pedidos a Deus. Recomendo a vocês que peçam, rezem, supliquem e agradeçam a Deus por todos os homens. Rezem em todo lugar, com mãos puras, sem ira e sem contendas" (Mt 26,41; Rm 12,12; Fl 4,6; 1Tm 2,1.8).

REFLEXÃO: Comunicar-se com Deus, conversar com Deus é o que se chama de Oração. Santo Afonso diz que a pessoa que reza tem o céu garantido. Entreter-se com Deus é uma necessidade constante em nossa vida. É difícil ter um amigo com quem não se fala, não se encontra, não se conversa, não se desabafa nas dificuldades. O amigo e irmão, o pai e a mãe se medem pelo acolhimento que oferecem quando a eles nos achegamos. Quem mais do que Deus nos acolherá com amor, com bondade, com perdão, com carinho? Certamente isso São Judas Tadeu terá observado em Jesus na convivência com ele. São Judas aprendeu o valor e a necessidade de "orar sempre e nunca deixar de o fazer" (Lc 18,1). Jesus mesmo dava o exemplo a seus discípulos quando "despedido o povo, Jesus subiu sozinho o monte para orar" (Mt 14,23).

ORAÇÃO: São Judas Tadeu, meu santo protetor, hoje vos peço a graça de rezar sempre, principalmente nos momentos das tentações que se apresentam para me separar de Deus. Alcançai-me a graça de rezar sempre, e cada vez mais poder conversar com o meu Senhor e meu Deus, na mesma intimidade com que conversastes com Jesus.

São Judas Tadeu, pelo grande amor que dedicastes a Deus e a Maria, mãe de Jesus, fazei com que eu seja fiel aos meus deveres e à oração cristã de cada dia, seja fiel à oração da minha Comunidade aos domingos. Nas alegrias e tribulações, ajudai-me. Amém.

LADAINHA A SÃO JUDAS TADEU

Senhor, tende piedade de nós.
Jesus Cristo tente piedade de nós.
Senhor, tende piedade de nós.
Jesus Cristo, ouvi-nos.
Jesus Cristo, atendei-nos.
Deus Pai do céu, ... — *Tende piedade de nós.*
Deus Filho Redentor do mundo,
Deus Espírito Santo,
Santíssima Trindade que sois um só Deus,
Santa Maria, mãe de Deus,
— *Rogai por nós.*
São José, esposo da Mãe de Deus.
Sagrada Família de Nazaré,
Glorioso São Judas Tadeu,
Seguidor fiel dos passos de Jesus,
Fiel apóstolo do Senhor,
Obediente a Deus até a morte,
Zeloso pela Igreja de Jesus,
Mensageiro ardoroso do nome do Salvador,
São Judas Tadeu, por todas as nossas necessidades,
— *Ouvi nossas preces,*
Para que nos livreis de todo mal,
Para que nos livreis de todo pecado,

Para que nos livreis da morte eterna

Para que tenhamos a paz e a concórdia nas famílias,

Para que nossos negócios sejam bem conduzidos,

Para que sejamos protegidos nas desgraças,

Para que sejamos protegidos das heresias,

Para não trair nossa fé em Jesus e no amor a Maria,

São Judas Tadeu, ajudai-nos a salvar nossa alma

São Judas Tadeu, convertei os pecadores.

São Judas Tadeu, estendei sobre nós vossa mão e dai-nos vossa bênção.

Cordeiro de Deus que tirais o pecado do mundo. — *Perdoai-nos, Senhor!*

Cordeiro de Deus que tirais o pecado do mundo. — *Tende piedade de nós!*

Cordeiro de Deus que tirais o pecado do mundo. — *Dai-nos a paz.*

OREMOS: Ó Deus, que por vossa bondade escolhestes e chamastes São Judas Tadeu para ser discípulo e apóstolo e o tornastes para nós modelo de amor pela Igreja de Jesus, concedei-nos seguir seus exemplos na proclamação de nossa fé e de nosso amor ao vosso divino Filho e nosso Salvador. Senhor, olhai para nós que, ao lado de vosso servo São Judas Tadeu, queremos também vos servir e vos amar de todo coração nesta vida e na eternidade vos louvar e bendizer para sempre. Amém.

PRECES A SÃO JUDAS
EM VÁRIAS CIRCUNSTÂNCIAS:

Pedindo firmeza nos bons propósitos

Glorioso São Judas Tadeu, junto convosco quero louvar e bendizer nosso Deus único e seu Filho Jesus, nosso mestre e salvador. Convosco quero rezar ao Deus Pai Onipotente: eu creio em vós mas fortificai a minha fé; eu espero em vós mas tornai mais confiante a minha esperança; eu vos amo, ó meu Deus, e afervorai o meu amor por vós acima de todas as coisas. São Judas, bondoso protetor das almas arrependidas e que se voltam para Deus, arrependo-me de meus pecados, do mal que pratiquei e do bem que deixei de fazer por orgulho ou preguiça. Aumentai meu arrependimento. Fortalecei minha vontade no bom propósito de evitar as ocasiões de pecar, de abandonar o caminho do erro e do mal. Que eu vença a sensualidade pela austeridade; a avareza pela generosidade; a cólera pela mansidão; a tibieza pelo fervor. Que eu procure possuir a pureza de coração e a modéstia cristã dos bons costumes, enfim, um procedimento exemplar e uma vida reta digna dos seguidores de Jesus Cristo. São Judas, ajudai-me a ser um bom cristão e constante em meus bons propósitos, emm toda a minha vida. Amém.

Pedindo uma graça

Senhor meu Deus, por intercessão de São Judas vosso Apóstolo, concedei-me a graça que hoje eu vos suplico com toda a insistência de minha alma. Por intercessão de São Judas, por seu sangue derramado na defesa da fé e amor ao vosso filho Jesus, atendei, Senhor, a minha prece (*fazer a prece pedindo a graça especial*). Senhor, meu Deus, unido(a) a São Judas Tadeu cantarei vosso poder e aclamarei o vosso amor porque fostes um refúgio em minha tribulação e amparo em minhas fraquezas. Amém.

Agradecimento pela graça recebida

Bom Jesus, junto com vosso apóstolo fiel São Judas Tadeu, venho agradecer-vos tudo o que me concedestes em minha vida, e de maneira especial a graça que de vós recebi. Quero vos louvar e agradecer; quero bendizer vossa vontade santa e glorificar vossa imensa e eterna misericórdia que derramou sobre mim a sua graça. Bendito seja Deus que do alto do céu me abençoou através de Jesus Cristo e seu apóstolo São Judas; que o

Senhor me abençoe, guarde-me de todo o mal e me conduza à vida eterna. Amém.

Por uma vida feliz

Senhor Jesus, por intercessão de São Judas, abri os meus olhos para enxergar as maravilhas de vosso amor em minha vida. Senhor, sou cego em não acreditar no vosso amor, curai-me para que veja vossa bondade e me torne também sinal desse amor para com meus irmãos. Não quero outra felicidade senão a vós, Deus eterno e Senhor de tudo que existe. São Judas, apóstolo fiel de Jesus, ajudai-me a ser feliz na alegria, na paz, na simplicidade e também quando o sofrimento vier me visitar. Quero ser feliz, junto de Deus! Amém.

Para fazer a vontade de Deus

Amado São Judas Tadeu, vós que caminhastes ao lado de Jesus que sempre cumpriu a vontade de Deus e se fez obediente a Ele até a morte, e morte de cruz, dai-me também a força para não me desviar do bom caminho traçado por Deus em minha vida. Mesmo que meus caminhos sejam difíceis, dolorosos, que não me afaste deste Deus, fonte de felicidade e de todo o bem. Unido com Jesus, também quero dizer a Deus: "Pai, seja feita vossa vontade, assim na terra como no céu". Glorioso São Judas, alcançai-me a graça de fazer bem o que Deus pede de mim, a cada dia, a cada momento. Amém.

A São Judas, nas doenças

Glorioso São Judas Tadeu, antes de adoecer eu pouco pensava em Deus e no presente da vida e da saúde que dele recebi. Tudo em mim deve louvar e bendizer seu santo nome. Agora reconheço que Ele sempre esteve presente em minha vida, sempre me amparou com a sua providência divina. Ajudai-me, São Judas, a reconhecer o olhar de Deus sobre mim e o quanto me amou e ainda me quer bem. Dai-me a coragem de, mesmo sofrendo no corpo ou na alma, louvar e bendizer o Senhor meu Deus. Dai-me forças para não reclamar em vez de louvar; desanimar em vez de esperar sempre; ficar descrente em vez de entregar tudo em suas mãos de Pai. Meu Jesus, por intercessão de São Judas Tadeu, curai-me se esta for a vontade de Deus. Amém.

São Judas, pedindo a luz do Espírito

Glorioso São Judas, eu vos peço que me alcanceis do Divino Espírito Santo a graça da luz para minha alma e minha vida. Pedi a Deus por mim, por meus pecados, por minha infidelidade, por todo mal que pratiquei e que conduzem à cegueira do espírito e fraqueza na fé. São Judas, ajudai-me a compreender que Jesus é a fonte da luz e da vida e que sem ele nada posso fazer para agradar a Deus e me salvar. Assim como vós o seguistes com generosidade, ajudai-me a seguir os ensinamentos de Jesus para que eu não pereça nas trevas da morte. Amém.

A São Judas, nos momentos de revolta

Por intercessão de São Judas, eu vos suplico Senhor Jesus, ensinai-me a suportar corajosamente as adversidades e em especial esta revolta e amargura que invadem meu coração. Pela vossa fidelidade, bondade e misericórdia com aqueles que vos maltratavam em vosso martírio, alcançai-me, ó São Judas, a brandura do espírito e caminhar diante do Senhor Jesus nas veredas da justiça e da paz. Amém.

A São Judas, nos negócios

Glorioso São Judas Tadeu, suplico a vossa proteção em todos os meus negócios espirituais e temporais e de maneira especial neste momento (*nomear os negócios que mais o preocupam*) Ajudai-me, glorioso Apóstolo do Senhor, a louvar e agradecer a Deus por todos os seus dons a mim concedidos; o dom da vida; a saúde e poder reassumir os meus trabalhos com dedicação e generosidade. Fazei com que as minhas tarefas de cada dia sejam úteis à minha família e a todos os meus irmãos e junto com eles possa construir um mundo que vos louva e agrada. Senhor Deus, dai-me – pelas preces de São Judas – o dom da paz, da alegria, do discernimento nos meus negócios, e acima de tudo a compreensão de que tudo o que eu fizer aos meus irmãos, com amor e por amor, é ao próprio Jesus que eu faço. Ajudai-me, Senhor, em vós espero e confio. Amém.

Pedindo nas causas difíceis

Sobre vossa proteção eu entrego, glorioso São Judas Tadeu, esta angústia de minha alma e esta causa difícil pela qual estou passando. (*fazer uma prece pessoal dizendo o que deseja*) Junto de vós, meu Santo amigo e protetor, coloco estas minhas preces a Deus para que Ele me ilumine por bons caminhos; Ele me proteja das ciladas daqueles que querem me fazer o mal; Deus me acompanhe nestes momentos difíceis com sua paz, segurança, e determinação da vontade em busca do que for melhor. São Judas Tadeu, ajudai-me pela grande amizade que tivestes a Jesus Cristo; ajudai-me pelo grande amor que tendes com Deus. Amém.

A São Judas, nos desânimos

Senhor Deus, pelo vosso santo nome, socorrei-me depressa em minha angústia. Pelas preces de São Judas que vos acompanhou nesta vida, escutai-me. Para vós, Senhor meu Deus, volto os meus olhos, sois o meu refúgio e não me rejeiteis. Glorioso apóstolo de Jesus, alcançai-me a graça que vos peço de confiar mais em Deus, de arrancar de meu coração a tristeza que me oprime, de livrar meu espírito do abatimento e desânimo. São Judas Tadeu, dai-me a certeza de que tudo passa e só Deus permanece; compreender que o dom da minha vida é um presente de Deus a serviço dos irmãos. São Judas Tadeu, ajudai-me a cumprir a vontade de Deus neste momento de tormentos e desânimos. Assim seja!

Proteção para a família e filhos

Jesus Mestre divino, a exemplo de São Judas que em vós confiava todos os seus temores e preocupações, eu vos invoco pedindo pela minha família e por meus filhos. Bom Jesus, pelas preces de São Judas eu vos suplico: santificai-nos com vossa ajuda; protegei-nos com vosso amparo; defendei-nos pelo vosso poder; assisti-nos com vossa bondade e misericórdia.

Glorioso São Judas, sobre a vossa guarda e proteção eu confio toda a minha família. Amém.

Prece pela saúde

Bom Jesus, vós que dissestes aos vossos discípulos "Deem a saúde aos doente, ressuscitem os mortos, curem os leprosos, expulsem os demônios" (Mt 10,1), eu vos suplico pela intercessão de São Judas Tadeu a graça da saúde, a cura de minhas enfermidades; o perdão de meus pecados e corrigir todos os meus vícios.

Glorioso São Judas, concedei-me a saúde do corpo e da alma. Dai-me compreender que a graça do Espírito Santo de Deus une todos os meus sofrimentos ao sofrimento de Jesus Cristo e me dá a força nova para sempre amar a Deus e aos meus irmãos, mesmo durante a minha dor. Amém.

Para ter um dia em paz

Senhor Jesus, vós que dissestes "bem-aventurados aqueles que sabem compadecer-se dos irmãos porque obterão misericórdia", eu vos suplico – pelas preces e exemplos de São Judas – a graça de ter um coração compassivo e bondoso, simples e humilde com todos os que encontro neste dia. Que a vossa sabedoria me dirija; vossa justiça me contenha; a vossa clemência pelos meus erros me console e o vosso poder me proteja. Glorioso São Judas, afastai de mim os vícios de meu caráter, as impertinências do mau humor, o descuido de minhas palavras, corrigir as más inclinações. Concedei-me, São Judas aversão aos meus defeitos, atenção e bondade com todas as pessoas que encontrar neste dia. Enfim, fazei-me presença viva e constante da bondade e paz de Deus para todos os meus irmãos. Assim seja.

Nas doença graves

A vós recorro, meu bondoso protetor São Judas, nesta doença que estou sofrendo; tende piedade de mim na angústia que me oprime. Os meus olhos turvam-se de tristeza, a minha alma e o meu corpo desfalecem no sofrimento desta enfermidade que me causa medo e pavor. Junto convosco, bondoso São Judas Tadeu, eu quero suplicar ao Senhor Jesus dizendo: Bom Jesus, tende piedade de mim! Vós sois o meu Deus e em vossas mãos estão os meus dias; vinde e socorrei-me segundo a vossa santa vontade. Senhor meu Deus, dai-me força e paz de espírito para que unido(a) a Jesus Crucificado tudo suporte sem revolta, sem perder a esperança que em vós deposito. "Senhor, se quiserdes podeis curar-me". Amém.

Para sair do desânimo e da tristeza

Senhor meu Deus, eu vos chamo, socorrei-me e escutai a minha prece enquanto grito por vós! Junto com meu glorioso padroeiro São Judas, apresento-vos minha oração e que ela suba até vós como incenso que vos agrada. Bondoso apóstolo de Jesus, curai-me desta tristeza e deste desânimo que me invade. Para vós, Senhor meu Deus, volto os meus olhos, sois o meu refúgio e não me rejeiteis.

São Judas, zeloso apóstolo de Jesus, dai-me a graça de libertar-me da tristeza e do desânimo que me impedem de viver na caridade, no amor a Deus e a meu próximo, neste momento presente. Assim seja.

Para vencer um vício

A vós recorro, meu santo protetor São Judas, para que meus pés não resvalem no pecado e eu possa vencer o vício de... (*dizer o vício que vai vencer*).

Ajudai-me a compreender que ficar perto de Deus é para mim a felicidade mais perfeita. Longe de Deus e da sua lei, serei contaminado pelo mal; meu corpo transpirará malícia e o meu coração transbordará a falsidade. Livrai-me, ó Deus, do declive do vício e do pecado que me conduzem à ruína e fazem os outros sofrer.

São Judas, ajudai-me a compreender que estar perto de Deus é a felicidade; longe de Deus só há trevas e sofrimento; e no fim da vida nada sobrará para a glória de Deus. Fortificai minha fraqueza; robustecei minha vontade; iluminai a minha mente para que eu siga a Jesus com determinação, assim como o fizestes, glorioso São Judas! Amém.

4ª. PARTE
MISSA EM LOUVOR A SÃO JUDAS

*"Jesus tomou o pão e o vinho, abençoou e disse:
... fazei isto em minha memória."*

O cristão nunca substitui o santo de sua devoção pela pessoa de Jesus, o seu Salvador. Ao colocar São Judas Tadeu como nosso padroeiro, ele se torna para nós uma lembrança de sua fidelidade e amor a Cristo; torna-se exemplo e incentivo; com ele aproximamo-nos de Jesus para o louvor e a glória de Deus, o único Senhor.

Desta forma a "Missa em louvor a São Judas" é uma maneira de se rezar, em Cristo e por Cristo, unidos a todos os santos do céu e a toda a Igreja, nesta terra.

1. Saudação

— Em nome do Pai e do Filho e do Espírito Santo.

— Amém.

— Irmãos e irmãs, a vós paz e fé da parte de

Deus, nosso Pai, a graça e alegria de nosso Senhor Jesus Cristo, no amor e na comunhão do Espírito Santo.

— **Bendito seja Deus que nos reuniu no amor de Cristo.**

Antífona de entrada

No seu amor inabalável, o Senhor escolheu como apóstolos Simão e Judas Tadeu e lhes deu uma glória eterna.

2. Ato penitencial

— O Senhor Jesus, que nos convida à mesa da Palavra e da Eucaristia, nos chama à conversão. Reconheçamos ser pecadores e invoquemos com confiança a misericórdia do Pai. (Pausa) Confessemos os nossos pecados:

— Confesso a Deus todo-poderoso /e a vós, irmãos e irmãs/ que pequei muitas vezes,/ por pensamentos e palavras, atos e omissões / por minha culpa, minha tão grande culpa./ E peço à Virgem Maria, aos anjos e santos e a vós, irmãos e irmãs,/ que rogueis por mim a Deus, nosso Senhor.

— Deus todo-poderoso tenha compaixão de nós, perdoe os nossos pecados e nos conduza à vida eterna.

— **Amém**.

— Senhor, tende piedade de nós!

—**Senhor, tende piedade de nós!**

—Cristo, tende piedade de nós!

—**Cristo, tende piedade de nós!**

— Senhor, tende piedade de nós!

—**Senhor, tende piedade de nós!**

— Tende compaixão de nós, Senhor.

— **Porque somos pecadores**.

— Manifestai, Senhor, a vossa misericórdia.

— **E dai-nos a vossa salvação.**

— Deus tenha compaixão de nós, perdoe os nossos pecados e nos conduza à vida eterna.

— **Amém.**

— Senhor, que viestes salvar os corações arrependidos, tende piedade de nós.

— **Senhor, tende piedade de nós!**

— Cristo, que viestes chamar os pecadores, tende piedade de nós.

— **Cristo, tende piedade de nós!**

— Senhor, que intercedeis por nós junto do Pai, tende piedade de nós.

— **Senhor, tende, piedade de nós!**

— Deus todo-poderoso tenha compaixão de

nós, perdoe os nossos pecados e nos conduza à vida eterna.

— **Amém.**

3. Hino de louvor

Glória a Deus nas alturas e paz na terra aos homens por ele amados! Senhor Deus, Rei dos céus,/ Deus Pai todo-poderoso. Nós vos louvamos, nós vos bendizemos/ nós vos adoramos / nós vos glorificamos / nós vos damos graças por vossa imensa glória, / Senhor Jesus Cristo, Filho Unigênito, / Senhor Deus, Cordeiro de Deus, Filho de Deus Pai. / Vós que tirais o pecado do mundo, tende piedade de nós. / Vós que tirais o pecado do mundo, acolhei a nossa súplica. / Vós que estais à direita do Pai, tende piedade de nós. Só vós sois o Santo, só vós, o Senhor/, só vós o Altíssimo Jesus Cristo,/ com o Espírito Santo, na glória de Deus Pai. / Amém.

4. Oração

Ó Deus que pela pregação dos apóstolos nos fizestes chegar ao conhecimento do vosso Evangelho, concedei pelas preces de São Simão e São Judas Tadeu, que a vossa Igreja não cesse de crescer, acolhendo com amor novos fiéis. Por

Nosso Senhor Jesus Cristo, vosso Filho, na unidade do Espírito Santo.

— **Amém.**

5. Meditação da palavra

Leitura da Carta de São Paulo aos Efésios (Ef 2,19-22):

(Paulo lembra os cristãos de que fazem parte de um só corpo e são chamados à unidade em Cristo; se os apóstolos e profetas são o fundamento, Jesus é a pedra principal.)

Irmãos, já não sois mais estrangeiros nem migrantes, mas concidadãos dos santos. Sois da família de Deus. Vós fostes integrados no edifício que tem como fundamento os apóstolos e os profetas, e o próprio Jesus Cristo como pedra principal. É nele que toda a construção se ajusta e se eleva para formar um templo santo no Senhor. E vós também sois integrados nesta construção, para vos tornardes morada de Deus pelo Espírito. Palavra do Senhor.

— **Graças a Deus!**

6. Responsório (Salmo 12)

— **Seu som ressoa e se espalha em toda a terra.**

— Os céus proclamam a glória do Senhor, e o firmamento a obra de suas mãos; o dia ao dia transmite esta mensagem, a noite à noite publica esta notícia.

— Não são discursos nem frases ou palavras, nem são vozes que possam ser ouvidas; seu som ressoa e se espalha em toda a terra, chega aos confins do universo a sua voz.

7. Aclamação ao evangelho

— Aleluia! aleluia! aleluia!

— Aleluia! aleluia! aleluia!

— A vós, ó Deus, louvamos; a vós Senhor, cantamos. O coro dos Apóstolos vos louva, ó Senhor!

8. Evangelho (Lucas 6,12-19)

(Jesus passou a noite toda em oração e escolheu doze dentre os discípulos, aos quais deu o nome de apóstolos. Entre eles está São Judas também chamado de Tadeu, filho de Tiago.)

— O Senhor esteja convosco.

— Ele está no meio de nós.

— Proclamação do Evangelho de Jesus Cristo † escrito por São Lucas.

— Glória a vós, Senhor!

Naqueles dias, Jesus foi à montanha para rezar. E passou a noite toda em oração a Deus.

Ao amanhecer, chamou seus discípulos e escolheu doze dentre eles, aos quais deu o nome de apóstolos: Simão, a quem impôs o nome de Pedro, e seu irmão André; Tiago e João; Filipe e Bartolomeu; Mateus e Tomé; Tiago, filho de Alfeu e Simão, chamado de Zelota; Judas, filho de Tiago e Judas Iscariotes, aquele que se tornou o traidor.

Jesus desceu da montanha com eles e parou num lugar plano. Ali estavam muitos dos seus discípulos e grande multidão de gente de toda a Judeia e de Jerusalém, do litoral de Tiro e de Sidônia. Vieram para ouvir Jesus e serem curados de suas doenças. E aqueles que estavam atormentados por espíritos maus também foram curados. A multidão toda procurava tocar em Jesus, porque uma força saía dele, e curava a todos.

— Palavra da Salvação.

— Glória a vós, Senhor!

9. Profissão de fé

Creio em Deus Pai todo-poderoso, criador do céu e da terra. Em Jesus Cristo, seu único Filho, nosso Senhor,/ que foi concebido pelo poder do Espírito Santo; nasceu da Virgem Maria, padeceu sob Pôncio Pilatos,/ foi crucificado, morto e sepultado! Desceu à mansão dos mortos,/ ressuscitou ao terceiro dia/ subiu aos céus; / está sentado à direita de Deus Pai todo-poderoso,/ donde há de vir julgar os vivos e os mortos. / Creio no Espírito Santo; / na Santa Igreja Católica; / na comunhão dos santos; / na remissão dos pecados / na ressurreição da carne; / na vida eterna. Amém.

10. Preces

Deus, Pai todo-poderoso, amastes tanto o mundo que nos enviastes Jesus Cristo, vosso Filho muito amado. Ouvi as orações que vos apresentamos com fé, juntos com São Judas Tadeu, a quem chamastes para vosso apóstolo.

1. Pedimos pela Igreja do mundo inteiro, pelo Papa, pelos bispos, pelos sacerdotes e todos aqueles que servem o povo de Deus em nossas Comunidades. Deus de bondade, que a exemplo de São Judas Tadeu sejamos dedicados e fiéis no anúncio do Evangelho de Jesus, rezemos ao Senhor.

— **Senhor, escutai a nossa prece!**

2. Ouvi, Senhor, nossos pedidos junto a São Judas Tadeu, pelos nossos desempregados e doentes; pelas crianças e idosos; pelos desamparados e por nossas famílias, rezemos ao Senhor.

— **Senhor, escutai a nossa prece!**

3. Assisti nossos irmãos agonizantes que partem desta vida para junto de vós. Dignai-vos receber os nossos irmãos e irmãs já falecidos na companhia dos vossos santos; e que um dia também nós possamos a eles nos unir como parte desta família de Deus no céu. Rezemos ao Senhor.

— **Senhor, escutai a nossa prece!**

(*Pode-se acrescentar intenções espontâneas*)

Oremos: Deus todo-poderoso e eterno, por intercessão de São Judas Tadeu, acolhei nossas preces para que, seguindo em tudo vossos caminhos, estejamos convosco na plenitude de vossa glória. Nós vos pedimos por meio Cristo, Senhor nosso.

— **Amém.**

11. Ofertório

(*Neste momento costuma-se também fazer a oferta até o altar. É importante que se faça como gesto de gratidão, de louvor, de amor a Deus e participação em sua Comunidade orante. Oferta não é esmola; é comunhão e participação.*)

— Bendito sejais, Senhor, Deus do universo, pelo pão que recebemos de vossa bondade, fruto da terra e do trabalho humano, e que agora vos apresentamos, e para nós se vai tornar o pão da vida.

— Bendito seja Deus para sempre!

— Pelo mistério desta água e deste vinho possamos participar da divindade do vosso Filho, que se dignou assumir a nossa humanidade.

— Bendito sejais, Senhor, Deus do universo, pelo vinho que recebemos de vossa bondade, fruto da videira e do trabalho humano, que agora vos apresentamos e para nós se vai tornar vinho da salvação.

— Bendito seja Deus para sempre!

— De coração contrito e humilde, sejamos, Senhor, acolhidos por vós; e seja nosso sacrifício de tal modo oferecido que vos agrade, Senhor, nosso Deus.

— Lavai-me, Senhor, de minhas faltas e purificai-me de meus pecados.

12. Orai, irmãos e irmãs

— Orai, irmãos e irmãs, para que este nosso sacrifício seja aceito por Deus Pai todo-poderoso.

— Receba o Senhor por tuas mãos este sacrifício, para a glória de seu nome para nosso bem e de toda sua santa Igreja. Amém.

13. Oração das oferendas

Ao festejarmos a glória do apóstolo São Judas Tadeu, acolhei, ó Deus, as nossas preces e preparai os nossos corações para celebrar dignamente esta Eucaristia. Por Cristo, Senhor nosso. Amém.

14. Oração eucarística (n. 2)

— O Senhor esteja convosco.

— **Ele está no meio de nós.**

— Corações ao alto.

— **O nosso coração está em Deus.**

— Demos graças ao Senhor, nosso Deus.

— **É nosso dever e nossa salvação.**

Na verdade é justo e necessário, é nosso dever e salvação dar-vos graças, sempre e em todo o lugar, Senhor Pai santo, Deus eterno e todo-poderoso, por Cristo, Senhor nosso. Vós constituístes a vossa Igreja sobre o alicerce dos Apóstolos, para que ela fosse, no mundo, um sinal vivo de vossa santidade e anunciasse a todo o mundo o Evangelho da salvação. Por essa razão, os anjos do céu, as mulheres e os homens da terra unidos a todas as criaturas proclamam jubilosos a vossa glória, dizendo (cantando) a uma só voz:

— **Santo, Santo, Santo, Senhor, Deus do universo! O céu e a terra proclamam a vossa glória. Hosana nas alturas! Bendito o que vem em nome do Senhor! Hosana nas alturas!**

(Invocação ao Espírito Santo e Consagração)

NA VERDADE, ó Pai, vós sois santo e fonte de toda santidade. Santificai, pois, estas oferendas, derramando sobre elas o vosso Espírito, a fim de que se torne para nós o Corpo † e o Sangue de Jesus Cristo, vosso Filho e Senhor nosso.

— **Santificai nossa oferenda, ó Senhor!**

Jesus, estando para ser entregue e abraçando livremente a paixão, tomou o pão, deu graças e o partiu e deu a seus discípulos, dizendo:

TOMAI, TODOS, E COMEI: ISTO É O MEU CORPO, QUE SERÁ ENTREGUE POR VÓS.

Do mesmo modo, ao fim da ceia, tomou o cálice em suas mãos, deu graças novamente e o entregou a seus discípulos, dizendo:

TOMAI, TODOS, E BEBEI: ESTE É O CÁLICE DO MEU SANGUE, O SANGUE DA NOVA E ETERNA ALIANÇA, QUE SERÁ DERRAMADO POR VÓS E POR TODOS, PARA REMISSÃO DOS PEGADOS. FAZEI ISTO EM MEMÓRIA DE MIM.

Eis o mistério de nossa fé!

— **Anunciamos, Senhor, a vossa morte e proclamamos a vossa ressurreição. Vinde, Senhor Jesus!**

Celebrando, pois, a memória da morte e ressurreição do vosso Filho, nós vos oferecemos, ó Pai, o pão da vida e o cálice da salvação, e vos agradecemos porque nos tornastes dignos de estar aqui na vossa presença e vos servir.

— **Recebei, ó Senhor, a nossa oferta.**

E nós vos suplicamos que, participando do Corpo e Sangue de Jesus Cristo, sejamos reunidos pelo Espírito Santo num só corpo.

— **Fazei de nós um só corpo e um só espírito!**

Lembrai-vos, ó Pai, da vossa Igreja que se faz presente pelo mundo inteiro: que ela cresça na caridade, com o Papa João Paulo, com o nosso Bispo (*nome*) e todos os ministros do vosso povo.

— **Lembrai-vos, ó Pai, da vossa Igreja!**

Lembrai-vos também dos nossos irmãos e irmãs que morreram na esperança da ressurreição e de todos os que partiram desta vida: acolhei-os junto a vós na luz da vossa face.

— **Lembrai-vos, ó Pai, de vossos filhos!**

Enfim, nós vos pedimos, tende piedade de todos nós e dai-nos participar da vida eterna com a

Virgem Maria, mãe de Deus, com São José e os santos Apóstolos – São Judas Tadeu — e todos os que neste mundo vos serviram, a fim de vos louvarmos e glorificarmos, por Jesus Cristo, vosso Filho.

— Concedei-nos o convívio dos eleitos.

— Por Cristo, com Cristo, em Cristo, a vós Deus Pai todo-poderoso, na unidade do Espírito Santo, toda honra e toda glória, agora e para sempre.

— Amém.

15. Rito da comunhão

Rezemos, irmãos, com amor e confiança, a oração que o Senhor Jesus nos ensinou:

16. Pai nosso

— Livrai-nos de todos os males, ó Pai, e dai-nos hoje a vossa paz. Ajudados pela vossa misericórdia, sejamos sempre livres do pecado e protegidos de todos os perigos, enquanto, vivendo a esperança, aguardamos a vinda do Cristo Salvador.

— Vosso é o reino, o poder e a glória para sempre!

— Senhor Jesus Cristo, dissestes aos vossos Apóstolos: eu vos deixo a paz, eu vos dou a minha paz. Não olheis os nossos pecados, mas a fé que anima vossa Igreja; dai-lhe, segundo o vosso desejo, a paz e a unidade. Vós, que sois Deus com o Pai e Espírito Santo.

—Amém.

— A paz do Senhor esteja sempre convosco!

— O amor de Cristo nos uniu.

— Irmãos e irmãs, saudai-vos em Cristo Jesus.

17. Cordeiro de Deus

— Cordeiro de Deus que tirais o pecado do mundo, **tende piedade de nós!**

— Cordeiro de Deus que tirais o pecado do mundo, **tende piedade de nós!**

— Cordeiro de Deus que tirais o pecado do mundo, **dai-nos a paz!**

— Esta união do Corpo e do Sangue de Jesus, o Cristo e Senhor nosso, que vamos receber, nos sirva para a vida eterna.

— Senhor Jesus Cristo, o vosso Corpo e o vosso Sangue, que vamos receber, não se tornem causa de juízo e condenação; mas, por vossa bondade, sejam sustento e remédio para nossa vida.

— Felizes os convidados para a ceia do Senhor. Eis o Cordeiro de Deus, que tira o pecado do mundo.

— **Senhor, eu não sou digno(a) de que entreis em minha morada mas dizei uma só palavra e serei salvo(a).**

— O corpo de Cristo nos guarde para a vida eterna. Amém.

> *Quando você for comungar, estenda a palma da mão para receber a comunhão e responda* **Amém** *quando o ministro lhe der a hóstia e lhe disser "Corpo de Cristo".*

18. Pós-comunhão

Aquele que me ama será amado por meu Pai; nós viremos a ele e faremos nele a nossa morada" (Jo 14,23).

Oremos, irmãos. Ó Deus, tendo recebido o vosso sacramento, nós vos pedimos unidos no Espírito Santo que este sacrifício oferecido a vós em memória do martírio de São Judas Tadeu, nos conserve sempre no vosso amor. Por Cristo, Senhor nosso. Amém.

19. Bênção final

— O Senhor esteja convosco!

— **Ele está no meio de nós!**

— A paz de Deus, que supera todo entendimento, guarde vossos corações e vossas mentes no conhecimento e no amor de Deus, e de seu Filho, nosso Senhor Jesus Cristo.

— **Amém.**

— Que o Deus todo-poderoso, Pai e Filho † e Espírito Santo vos abençoe e vos guarde na alegria do Senhor e vos acompanhem as bênçãos e proteção de São Judas Tadeu!

— **Amém.**

ORAÇÃO DE AÇÃO DE GRAÇAS

A Comunhão do corpo de Cristo é uma das fontes de você se encontrar com Jesus e nele permanecer. Alimentado com o "pão da vida nova", com Ele e nele você deve fazer suas preces, o louvor e os agradecimentos. Esta oração você faz da forma que lhe agrada, no íntimo de seu coração. Unido com Jesus a ele você pode dizer tudo, pedir e agradecer. Este momento é que chamamos de "Ação de graças".

Eis um exemplo:

Eu vos dou graças, Pai santo, porque pela vossa misericórdia vos dignastes alimentar a minha alma, a mim vosso indigno servo, com o sagrado

Corpo e o precioso Sangue do vosso Filho, nosso Senhor Jesus Cristo.

Peço-vos que esta santa comunhão seja para mim salutar garantia de perdão, armadura da fé, escudo de boa vontade e libertação dos meus vícios. Extinga em mim a tendência para o fechamento, o egoísmo, a acomodação, o mau humor; aumentem a caridade e a paciência, a humildade e a obediência, e todas as virtudes.

OFERTA DE SI MESMO A DEUS

Meu Senhor e meu Deus, recebei a minha liberdade inteira; recebei a minha memória, a minha inteligência e toda a minha vontade.

Eu vos reconheço como meu Deus e meu Criador. Tudo que tenho e tudo que possuo foi de vós que me veio; e a vós eu tudo devolvo e entrego sem reservas para que a vossa vontade santa tudo governe.

Meu Senhor e meu Deus, dai-me somente o dom de vosso amor e a vossa graça! Nada mais vos peço, pois desta forma já serei bastante rico! Amém.

ORAÇÃO DE LOUVOR

Deus, nosso Pai, queremos vos adorar, vos louvar unido com Jesus nesta Santa Comunhão que acabamos de receber. Iluminai, Senhor, os nossos caminhos para que a vossa santa vontade se realize em cada um de nós.

Nós vos damos graças por nos terdes dado Jesus, caminho, verdade e vida, e Maria sua mãe para nossa mãe.

Nós vos damos graças pela vossa sabedoria, misericórdia, vossa luz que nos conduz neste dia.

Ajudai-nos, Senhor, a suportar com paciência as dificuldades por amor a vós; a vos servir cada vez melhor com amor e generosidade de coração.

Senhor, dirigi e santificai nossos pensamentos, nossas palavras e ações deste dia; concedei-nos um espírito dócil para ouvir e seguir as vossas inspirações. Amém.

Glória ao Pai, ao Filho e ao Espírito Santo...

ORAÇÃO DE SÃO FRANCISCO

Senhor, fazei-me instrumento de vossa paz.
Onde houver ódio, que eu leve o amor.
Onde houver ofensa, que eu leve o perdão.
Onde houver discórdia, que eu leve a união.
Onde houver dúvida, que eu leve a fé.
Onde houver erro, que eu leve a verdade.
Onde houver desespero, que eu leve a esperança.

Onde houver tristeza, que eu leve a alegria.
Onde houver trevas, que eu leve a luz.
Ó Mestre, fazei que eu procure mais:
Consolar, que ser consolado;
Compreender, que ser compreendido;
Amar, que ser amado.
Pois é dando que se recebe.
É perdoando que se é perdoado.
E é morrendo que se vive para a vida eterna.

PEDINDO A LUZ DE DEUS

Deus, nosso Pai, nós vos bendizemos por tudo que nos concedeis, pelo dom de vosso amor, pela vossa luz nos caminhos de nossa vida. Iluminai, Senhor, a nossa mente, os nossos olhos, nosso coração para que possamos vos ver, vos seguir, vos amar em cada irmão que encontramos.

Vós que sois a fonte da luz verdadeira, não permitais que sejamos desviados pelas forças do mal e atraídos pelas futilidades desta vida. Concedei-nos perseverar na meditação de vossa Palavra e viver iluminados pelo esplendor de vossa verdade. Senhor, ajudai-nos a fazer vossa vontade em cada momento e jamais nos separar de vós. Amém.

5ª. PARTE:
ORAÇÕES A JESUS CRISTO

"É preciso rezar sempre e não deixar de o fazer"
(Lc 18,1)

Santo Afonso diz: "Quem reza se salva, mas quem não reza se condena"; se deixamos de rezar pouco ou nada nos lembramos de Deus; rezar é estar junto, estar unido no diálogo com Deus que sempre nos ama, pronto a nos ajudar. A oração em forma de preces, de louvores e agradecimentos faz-nos viver, ao menos por alguns momentos, na dimensão do Senhor Deus, que é espírito e verdade. Jesus é o grande exemplo de sempre reservar momentos, até mesmo à noite, para conversar com Deus, o Pai. Ele mesmo disse: "É preciso rezar sempre e não deixar de o fazer!" (Lc 18,1). É igualmente importante você, como filho de Deus, unir-se com os irmãos em Comunidade para louvar, agradecer, bendizer e pedir.

O SENHOR É MEU PASTOR (Sl 22)

O Senhor é meu Pastor, nada me falta pois em verdes pastagens ele me faz repousar. Ele me leva até as águas tranqüilas e refaz as minhas forças; ele me conduz pelos bons caminhos por amor de seu nome.

Não temerei nenhum mal mesmo que eu passe pelo vale da morte porque ele está comigo. Vosso bordão e vosso cajado me dão segurança! Preparais uma mesa para mim e sobre minha cabeça derramais vossa graça; o meu coração enche-se de alegria.

A graça e a ventura me seguirão em todos os dias de minha vida. Habitarei na casa do meu senhor enquanto durarem os meus dias. Conduzime, Senhor, a vós, fonte da vida! Amém.

INVOCAÇÃO DO NOME DO SENHOR (Sl 62)

Meu Deus, quero bendizer-vos e para vós levanto minhas mãos invocando vosso santo nome. Sois o meu Deus e Senhor, a vós desejo servir. Meu espírito deseja estar convosco desde o amanhecer e minha alma espera por vós como a terra árida espera pela chuva.

Desejo contemplar-vos e experimentar vosso poder, a vossa glória, o vosso amor que para mim vale mais do que a vida. Quero bendizer-vos, levantar para vós as minhas mãos; a minha alma será saciada, os meus lábios terão o sorriso e a minha boca anunciará vosso louvor.

Senhor, a vós me agarro confiante, a minha alma em vós encontra seu refúgio e sustento. Por isso ao deitar-me eu invoco vosso nome, em vós repouso noite a dentro; sempre fostes o meu socorro e me exulto à sombra de vossas asas.

Meu Deus, quero bendizer-vos e em vós me alegrar. Para vós levanto minhas mãos e invoco vosso nome santo. Amém.

JESUS, EIS-ME AQUI...

Eis-me aqui, ó bom e misericordioso Jesus, de joelhos e prostrado diante de vós, na vossa presença.

Eu vos suplico com todo o fervor de minha alma que vos digneis gravar no meu coração os mais vivos e profundos sentimentos de fé, esperança e caridade, o verdadeiro arrependimento de meus pecados e o firme propósito de me corrigir; enquanto vou considerando, com vivo afeto e dor, as vossas cinco chagas; tendo presente diante de meus olhos aquilo que o Profeta Davi já dizia de vós, ó bom Jesus: Transpassaram minhas mãos e meus pés, e contaram todos os meus ossos (Sl 21,17).

Bom Jesus Crucificado e na cruz abandonado, tende piedade de mim, pobre pecador!

(*Rezar o Pai-Nosso – Ave-Maria – Glória ao Pai, pedindo uma boa morte.*)

CRISTO CRUCIFICADO

Alma de Cristo, *santificai-me*.
Corpo de Cristo, *salvai-me*.
Sangue de Cristo, *inebriai-me*.
Água do lado de Cristo, *lavai-me*.
Paixão de Cristo, *confortai-me*.
Ó bom Jesus, *escutai-me*.
Dentro de vossas chagas, *escondei-me*.
Não permitais *que me separe de vós*.
Do espírito maligno *defendei-me*.
Na hora da minha morte, *chamai-me*.
Mandai-me *ir para vós*,
para que com os vossos Santos *eu vos louve*,
por todos os séculos dos séculos. Amém!

VISITA AO SANTÍSSIMO SACRAMENTO

Muitos papas e santos da Igreja Católica recomendaram fazer momentos de oração diante do Santíssimo Sacramento que se guarda no sacrário. Santo Afonso escreveu um manual de "Visitas ao Santíssimo Sacramento" e diz: "Senhor, cheio de misericórdia ficais dia e noite esperando, chamando e acolhendo os que vêm visitar-vos! Jesus Sacramentado, eis a fonte de todos os bens!" Ao fazer sua visita ao Santíssimo, sugerimos:

1) Recolhido e em silêncio diante do Sacrário, faça sua prece espontânea. 2) Reze a oração preparatória. 3) Faça a Comunhão de desejo; 4) Peça a Maria sua proteção.

1. Oração preparatória

Senhor meu Jesus Cristo, que por amor dos homens ficais, dia e noite, nesse Sacramento, cheio todo de misericórdia e amor, esperando, chamando e acolhendo todos os que vêm vos visitar, eu creio que estais presente no Sacramento do altar. Adoro-vos do abismo do meu nada e graças vos dou por todos os benefícios, especialmente por vos terdes dado a mim neste Sacramento, por me haverdes concedido por advogada Maria vossa Mãe Santíssima, finalmente, por me haverdes chamando a visitar-vos nesta igreja. Saúdo hoje o vosso Coração e quero saudá-lo por três fins:

— Em agradecimento pelo grande dom de vós mesmo; — em reparação das injúrias que tendes recebido nesse Sacramento de todos os vossos inimigos; — na intenção de vos adorar, por esta visita, em todos os lugares da terra onde vós, neste divino Sacramento, estais menos reverenciado e mais abandonado.

Meu Jesus, amo-vos de todo o meu coração. Arrependo-me de, no passado, ter ofendido tantas vezes a vossa bondade infinita. Proponho com a vossa graça não mais vos ofender no futuro. E, nesta hora, miserável como sou, eu me consagro todo a vós, e vos dou e entrego a minha vontade, os meus desejos e tudo o que me pertence. Daqui em diante fazei de mim, e de tudo o que é meu, o que vos aprouver. Somente vós peço e quero, o vosso santo amor, a perseverança final e o perfeito cumprimento da vossa vontade.

Recomendo-vos as almas do purgatório, especialmente as mais devotas do Santíssimo Sacramento e da Santíssima Virgem Maria. Recomendo-vos também todos os pobres pecadores. Enfim, amado Salvador meu, uno todos os meus afetos aos afetos do vosso Coração e, assim unidos, eu os ofereço a vosso eterno Pai, pedindo-lhe em vosso nome e por vosso amor se digne de os aceitar e atender. Amém.

(Faça sua oração pessoal, converse com Jesus, depois renove o desejo de sempre recebê-lo na Santa Comunhão.)

2. Comunhão Espiritual

Bondoso Jesus, eu creio que estais presente neste Sacramento da Eucaristia que nos deixastes como alimento e memória de vosso amor por nós. Senhor, quero vos amar sinceramente e vos peço, vinde ao meu coração. Uni-me a vós e não permitais que me separe de vós! Como não posso receber agora o vosso Corpo e Sangue neste Sacramento da Eucaristia, quero manifestar-vos o meu desejo de estar convosco, vinde ao menos espiritualmente ao meu coração. E, como se vos tivesse já recebido, uno-me inteiramente a vós; não permitais, Senhor, que de vós jamais me aparte.

(Preces finais a Maria Santíssima)

3. A Maria SS. após Visita ao Santíssimo

Santíssima Virgem Imaculada, Maria, minha Mãe, a vós que sois a Mãe do meu Senhor, a Rainha do mundo, advogada, esperança, refúgio dos pecadores, recorro hoje eu que sou o mais miserável de todos. *(Pedir a graça de que necessita.)*

Aos vossos pés me prostro e vos agradeço por tudo que me tendes feito, especialmente por me livrardes do inferno. Eu vos amo, bondosa Mãe, e vos prometo servir-vos sempre e fazer o possível para que outros também vos amem. Em vós, depois de Jesus, ponho todas as minhas esperanças, toda a minha salvação. Aceitai-me por vosso servo e acolhei-me debaixo de vosso manto. Livrai-me de todos os perigos e tentações e dai-me força para vencê-las.

A vós eu peço o verdadeiro amor a Jesus Cristo e de vós espero alcançar uma boa morte. Minha bondosa Mãe, ajudai-me sempre, principalmente no último instante de minha vida. Não me desampareis enquanto não me virdes salvo no céu e convosco bendizer eternamente nosso Deus. Assim seja.

DEVOÇÃO AO CORAÇÃO DE JESUS

Consagração ao Coração de Jesus

Dulcíssimo Jesus, Redentor do gênero humano, lançai o vosso olhar sobre nós, prostrados diante de vosso altar. Nós somos e queremos ser vossos. A fim de vivermos mais intimamente unidos a vós, cada um de nós se consagra, neste dia, ao vosso Sagrado Coração.

Muitos não vos conheceram; outros desprezaram os vossos mandamentos e vos renegaram. Tende piedade de todos nós e trazei-nos ao vosso Sagrado Coração. Sede para nós o Senhor e conduzi-nos à casa paterna para que não pereçamos de miséria e de fome. Sede a Luz para aqueles que vivem iludidos no erro; separados de vós pela discórdia; trazei-os ao porto da verdade e à unidade da fé, a fim de que haja um só rebanho e um só pastor.

Senhor, conservai a vossa Igreja! Dai-lhe a liberdade, a ordem e a paz a todos os povos. Que de um lado ao outro do mundo haja uma só voz: Louvado seja o vosso Coração divino que nos trouxe a salvação. A vós, honra e glória para sempre. Amém.

Pedido de graças ao Coração de Jesus

Sagrado Coração de Jesus, em vós deposito toda a minha confiança e toda a minha esperança. Aos vossos pés eu coloco todas as preocupações de minha alma, confiante em vossas palavras: "vós todos que estais aflitos e sobrecarregados, lançai sobre mim vossas preocupações e eu vos aliviarei" (Mt 11,28). Bondoso Jesus, vós que fizestes o cego ver, o paralítico andar, o morto voltar à vida, o leproso ser purificado, todo doente ser curado, olhai para minhas aflições e angústias, para minhas preocupações e dores.

Divino Coração, vós que tudo sabeis, vede o que de coração eu vos peço.... (*fazer o pedido da graça que deseja*). Meu coração se enche de fé, confiança em vós porque é a vossa infinita bondade que dirige os meus passos. Bondoso Jesus, vós sempre desejais o bem para mim e para todas as minhas necessidades, por isso, eu vos suplico que antes de tudo se cumpra na minha vida a vontade de Deus. Eu creio no amor infinito da vontade de Deus. Seja feita a vossa vontade! Em prova, bom Jesus, de meu agradecimento pelas graças que vos peço também me proponho a ser melhor (*se possível, fazer o propósito de realizar uma coisa boa que leve você a agradar mais a Deus*). Junto ao vosso Sagrado Coração eu me abrigo, e na segurança de vossas mãos eu me agarro porque vós sois o Todo-Poderoso, meu refúgio e meu auxílio, o Deus em quem eu confio. Sagrado Coração de Jesus, eu tenho confiança em vós. Sagrado Coração de Jesus, aumentai a minha fé. Amém.

Ladainha do Sagrado Coração de Jesus

Senhor, tende piedade de nós!
Jesus Cristo, tende piedade de nós!
Senhor, tende piedade de nós!
Jesus Cristo, ouvi-nos!

Jesus Cristo, atendei-nos!

Deus Pai celestial,

— **Tende piedade de nós!**

Deus Filho, Redentor do mundo,

Deus Espírito Santo,

Santíssima Trindade, que sois um só Deus,

Coração de Jesus, Filho do Pai eterno,

— **Rogai por nós!**

Coração de Jesus, formado pelo Espírito Santo no seio da Virgem Mãe,

Coração de Jesus, unido substancialmente ao Verbo de Deus,

Coração de Jesus, de majestade infinita,

Coração de Jesus, templo santo de Deus,

Coração de Jesus, tabernáculo do Altíssimo,

Coração de Jesus, casa de Deus e porta do céu,

Coração de Jesus, fornalha ardente de caridade,

Coração de Jesus, receptáculo de justiça e de amor,

Coração de Jesus, cheio de bondade e de amor,

Coração de Jesus, abismo de todas as virtudes,

Coração de Jesus, digníssimo de todo o louvor,

Coração de Jesus, rei e centro de todos os corações,

Coração de Jesus, no qual se encerram todos os tesouros da sabedoria e da ciência,

Coração de Jesus, onde habita toda a plenitude da divindade,

Coração de Jesus, em que o Pai pôs toda a sua complacência,

Coração de Jesus, de cuja plenitude nós todos recebemos,

Coração de Jesus, desejo das colinas eternas,

Coração de Jesus, paciente e de muita misericórdia,

Coração de Jesus, rico para com todos os que vos invocam,

Coração de Jesus, fonte de vida e de santidade,

Coração de Jesus, propiciação pelos nossos pecados,

Coração de Jesus, saturado de todos, os opróbrios,

Coração de Jesus, triturado de dor por causa de nossos crimes,

Coração de Jesus, feito obediente até à morte,

Coração de Jesus, traspassado pela lança,

Coração de Jesus, fonte de toda a consolação,

Coração de Jesus, nossa vida e ressurreição

Coração de Jesus, nossa paz e reconciliação,

Coração de Jesus, vítima dos pecadores,

Coração de Jesus, esperança dos que morrem em vós,

Coração de Jesus, alegria de todos os santos,

— Cordeiro de Deus, que tirais o pecado do mundo,
— Tende piedade de nós!
— Cordeiro de Deus, que tirais o pecado do mundo,
— Ouvi-nos, Senhor!
— Cordeiro de Deus, que tirais o pecado do mundo,
— Tende piedade de nós!
— Jesus, manso e humilde de coração,
— Fazei o nosso coração semelhante ao vosso.

Oremos: Deus Onipotente e Eterno, olhai para o coração de vosso Filho Unigênito e para os louvores e as satisfações que vos oferece em nome de nós pecadores, e, deixando-vos aplacar, perdoai aos que imploram a vossa misericórdia, em nome do vosso mesmo Filho Jesus Cristo, que vive e reina para sempre. Amém.

Louvor a Cristo, Rei

Louvor a vós, ó Cristo, Rei da glória!

— **A vós, toda honra e toda glória, agora e para sempre.**

Ó Cristo, sois a imagem de *Deus* invisível, *o* primogênito de toda criatura, pois em vós foram criadas todas as coisas, no céu e na terra, as visíveis e as invisíveis. Tudo foi criado para vós. Existis antes de tudo e tudo em vós tem existência.

— **A vós, toda honra e toda glória, agora e para sempre.**

Ó Cristo, sois a cabeça da Igreja, que é o vosso corpo. Sois o princípio, o primogênito, e em tudo tendes a primazia.

— **A vós, toda honra e toda glória, agora e para sempre.**

Ó Cristo, foi do agrado de Deus fazer habitar em vós toda a plenitude, reconciliar por vós e para vós todos os seres da terra e dos céus, estabelecendo a paz pelo sangue de vossa Cruz.

— **A vós, toda honra e toda glória, agora e para sempre.**

Glória ao Pai, glória ao Filho, glória ao Espírito Santo, glória a vós Trindade Santa, agora e para sempre! Amém.

— A vós, ó Cristo, Rei da glória, todo louvor e toda honra, no céu e na terra, agora e para sempre. Amém.

VIA-SACRA MEDITADA

A devoção à Paixão de Jesus Cristo tem uma importância específica na espiritualidade cristã. Sto. Afonso de Ligório diz que é impossível uma pessoa não se tornar santa quando frequentemente contempla Jesus Crucificado, meditando o seu amor por nós na cruz: "Abracemos a cruz de Cristo com grande confiança, pois, em Jesus Crucificado encontraremos toda riqueza e toda graça" (Prática do Amor a Jesus Cristo – Sto. Afonso).

Introdução:
Leitor: Irmãos, foi em consequência da fidelidade de Jesus a Deus, e ao grande amor por nós, que Ele morreu na cruz para nos salvar. Embora fosse igual em natureza a Deus Pai, não ficou apegado a esta condição divina. Esvaziou-se de sua glória; assumiu a condição de escravo servidor; fez-se criatura semelhante a nós, menos no pecado. Obediente ao Pai, tudo suportou e sofreu para nos provar o quanto Deus nos ama e nos quer bem.

A presença de Jesus sofredor continua em nós, seus membros, nos momentos de dor, de ansiedades, de amarguras e abandono. Jesus sofredor na criança e no jovem, no idoso e no enfermo. É seu corpo sofredor. Que esta meditação nos desperte para o amor de Deus ao nosso irmão.

ORAÇÃO INICIAL

D — Em nome do Pai e do Filho † e do Espírito Santo.

T — Amém.

D — Senhor Jesus Cristo, com fé e amor e arrependimento de nossos pecados, nós queremos seguir vossos passos nesta VIA-SACRA. Concedei-nos a graça de fazer parte da vossa Paixão, reconhecendo o vosso rosto em todos os sofrimentos da vida e vos amando em cada irmão e em cada dor. Assim, bondoso Redentor, também se manifestará em nós a salvação.

T — Oferecemo-vos/ esta prática de piedade/ pelas nossas necessidades espirituais e corporais,/ pelos nossos familiares./ amigos e benfeitores,/ pelos agonizantes e almas do purgatório,/ pela perseverança dos justos e conversão dos pecadores./ pela Santa Igreja e vocações sacerdotais e religiosas, / pelas famílias e pela paz do mundo./ Amém.

CANTO:
Em extremo nos amando,
corpo e sangue nos deixando,
da paixão memória viva. (bis)

Grandemente angustiado,
suando sangue, agoniado,
Jesus sofre por amor. (bis)

1ª. ESTAÇÃO
JESUS É CONDENADO À MORTE

CANTO: Réu de morte foi julgado, / qual blasfemo condenado, /: por teus crimes, pecador. **(bis)**
Pela Virgem Dolorosa, vossa Mãe tão piedosa, perdoai-me, meu Jesus, perdoai-me, meu Jesus!

D — Adoramo-vos, ó Cristo, e vos bendizemos.
T — **Porque pela vossa Santa Cruz remistes o mundo.**

Leitor: O Sumo Sacerdote disse-lhe: "Eu te conjuro pelo Deus vivo que nos digas se és o Cristo, o Filho de Deus". Jesus respondeu-lhe: "Tu o disseste. E eu vos digo: Vereis um dia o Filho do Homem sentado à direita do Poder e vindo sobre as nuvens do céu". Então o Sumo Sacerdote rasgou as vestes, dizendo: "Blasfemou! Que necessidade temos ainda de testemunhas? Acabais de ouvir a blasfêmia. Que vos parece?" Eles responderam: "É réu de morte". Cuspiram-lhe no rosto e deram-lhe socos (Mt 26, 63-67).

T — Senhor,/ nós cremos que sois o Cristo,/ o Filho de Deus,/ e que vireis um dia com glória/ para julgar os vivos e os mortos./ Perdoai, Senhor,/ nossos juízos temerários,/ nossas condenações sumárias/ e tantas faltas de caridade.

(De uma estação para outra, pode-se rezar o Pai-Nosso, Ave-Maria e **Nossa Senhora das Dores, rogai por nós!**

2ª. ESTAÇÃO
**JESUS CARREGA
A SUA CRUZ**

CANTO: Com a cruz é carregado, /E do peso acabrunhado./ Vai morrer por teu amor. **(bis)**

Pela Virgem Dolorosa, vossa Mãe tão piedosa, perdoai-me, meu Jesus, perdoai-me, meu Jesus!

D — Adoramo-vos, ó Cristo, e vos bendizemos.
T — Porque pela vossa Santa Cruz remistes o mundo.

Leitor: "Levaram, pois, consigo, Jesus. E, carregando às costas a cruz, saiu para o lugar chamado Crânio, que em hebraico se diz Gólgota" (Jo 19, 17).

T — Senhor Jesus,/ sofrendo por nossa causa e por nosso amor desde que nascestes até vossa paixão / dai-nos a graça de vos seguir sempre. / Livrai-nos do desânimo na fé;/ da preguiça em nossos deveres cristãos; / de ser complacentes com as ocasiões de pecar; / com os pensamentos e desejos que nos afastam de vós. / Bom Jesus, misericórdia.
Pai-Nosso - Glória ao Pai - **N. S. das Dores, rogai por nós!**

3ª. ESTAÇÃO
JESUS CAI PELA PRIMEIRA VEZ

CANTO: Pela cruz tão oprimido / Cai Jesus desfalecido, / pela tua salvação. (bis)

D — Adoramo-vos, ó Cristo, e vos bendizemos.
T — Porque pela vossa Santa Cruz remistes o mundo.

Leitor: "Desprezado e evitado pelos homens como homem das dores e experimentado nos sofrimentos, Ele foi menosprezado e rejeitado. Na verdade, ele tomou sobre si as nossas doenças, carregou as nossas dores... Foi castigado pelos nossos crimes e esmagado pelas nossas iniquidades; o castigo que nos salva pesou sobre ele, fomos curados nas suas chagas" (Is 53,3-5).

T — Senhor Jesus,/ caístes a primeira vez por terra. / Perdoai a mim e a meus irmãos de

nossos pecados, / nossas faltas e omissões, / nossas injustiças e julgamentos, / e dai-nos a graça de compreender a fraqueza dos que caem / e saber ajudá-los com vosso amor. Bom Jesus, misericórdia.

Pai-Nosso - Glória ao Pai - **N. S. das Dores, rogai por nós**!

4ª. ESTAÇÃO
ENCONTRO DE JESUS COM SUA MÃE

CANTO: De Maria lacrimosa, /no encontro lastimosa, vê a viva compaixão. **(bis)**
Pela Virgem Dolorosa, vossa Mãe tão piedosa, perdoai-me, meu Jesus, perdoai-me, meu Jesus!

D — Adoramo-vos, ó Cristo, e vos bendizemos.
T — **Porque pela vossa Santa Cruz remistes o mundo.**

Leitor: "Simeão abençoou-os e disse a Maria, sua mãe: 'Este Menino está aqui para queda e ressurgimento de muitos em Israel e para ser sinal de contradição; uma espada traspassará a tua alma, a fim de se revelarem os pensamentos de muitos corações'"(Jo 2, 34-35).

T — Maria,/ fiel seguidora de vosso Filho Jesus no caminho do calvário, / também vós, para cumprir a missão que Deus lhe deu, / assumistes a dor e a desolação pelos nossos pecados. / Por este encontro doloroso com Jesus / dai-nos a graça de não abandonar a fé; / de amar sinceramente o vosso Filho. /A vós, Jesus, eu vos peço a graça do amor a vossa e nossa bondosa Mãe. Amém.

Pai-Nosso - Glória ao Pai - **N. S. das Dores, rogai por nós!**

5ª. ESTAÇÃO
SIMÃO CIRENEU CARREGA A CRUZ DE JESUS

CANTO: Em extremo extenuado, deve auxílio aqui cansado, / receber de Simão. **(bis)**
Pela Virgem Dolorosa, vossa Mãe tão piedosa, perdoai-me, meu Jesus, perdoai-me, meu Jesus!

D — Adoramo-vos, ó Cristo, e vos bendizemos.

T — Porque pela vossa Santa Cruz remistes o mundo.

Leitor: "Quando conduziam Jesus ao calvário, detiveram certo Simão de Cirene que voltava do campo, e carregaram-no com a cruz para a levar atrás de Jesus" (Lc 23,26).

T — Bom Jesus, concedei-nos a graça de aceitar sem amargura e queixumes,/ as nossas limitações pessoais./ Senhor, dai-nos força para carregar com amor e por amor a vós,/ a cruz dos nossos deveres,/ as limitações de nossos irmãos, / as fraquezas de nossa vida. / Em tudo queremos cumprir a vontade de Deus.

6ª. ESTAÇÃO
VERÔNICA ENXUGA O ROSTO DE JESUS

CANTO: O seu rosto ensanguentado, / por Verônica enxugado,/ contemplamos com amor. **(bis)**

Pela Virgem Dolorosa, vossa Mãe tão piedosa, perdoai-me, meu Jesus, perdoai-me, meu Jesus!

D — Adoramo-vos, ó Cristo, e vos bendizemos.

T — Porque pela vossa Santa Cruz remistes o mundo.

Leitor: "Aos que me feriram apresentei os meus ombros, e a minha face aos que me arrancavam a barba. Não desviei o meu rosto dos que me ultrajavam e me cuspiam" (Is 50,6).
T — Senhor, ajudai-nos a descobrir vossa face em nossos irmãos. / Bom Jesus, queremos vos amar e servir no pobre que passa fome, / no enfermo e no marginalizado. / Vós assumistes nossas dores e misérias / e queremos vos amar em todos estes momentos. Bom Jesus, tende piedade de nós.
Pai-Nosso - Glória ao Pai - **N. S. das Dores, rogai por nós!**

7ª. ESTAÇÃO
JESUS CAI PELA SEGUNDA VEZ

CANTO: Outra vez desfalecido, / pelas dores abatido, /cai por terra o Salvador. **(bis)**
Pela Virgem Dolorosa, vossa Mãe tão piedosa, perdoai-me, meu Jesus, perdoai-me, meu Jesus!

D — Adoramo-vos, ó Cristo, e vos bendizemos.
T — **Porque pela vossa Santa Cruz remistes o mundo.**

Leitor: "Todos nós andávamos desgarrados como ovelhas, cada um seguia o seu caminho; o Senhor carregou sobre ele a iniqüidade de todos nós. Foi maltratado e resignou-se, não abriu a boca, como cordeiro levado ao matadouro, como ovelha emudecida nas mãos do tosquiador" (Is 53,6-7).

T — **Bom Jesus, / por esta segunda queda no caminho do Calvário / nós vos pedimos a graça da perseverança em vos seguir./ Queremos sempre recomeçar após nossos pecados e fraquezas. / Afastai de nós a acomodação no pecado, / as imprudências e leviandades; / ajudai-nos a não cair no pecado e nos afastarmos de vós!**

Pai-Nosso - Glória ao Pai - **N. S. das Dores, rogai por nós!**

8ª ESTAÇÃO
JESUS CONSOLA AS FILHAS DE JERUSALÉM

CANTO: Das matronas piedosas, filhas de Sião chorosas, é Jesus consolador. **(bis)**

Pela Virgem Dolorosa, vossa Mãe tão piedosa, perdoai-me, meu Jesus, perdoai-me, meu Jesus!

D — Adoramo-vos, ó Cristo, e vos bendizemos.

T — Porque pela vossa Santa Cruz remistes o mundo.

Leitor: "Uma grande multidão do povo o seguia, e também umas mulheres que choravam por ele. Jesus voltou-se para elas e disse-lhes: 'Filhas de Jerusalém, não choreis por mim, chorai antes por vós mesmas e pelos vossos filhos... Porque se tratam assim a madeira verde, o que acontecerá com a lenha seca?" (Lc 23, 27-31).

T — Tende piedade de nós, Senhor, porque somos pecadores! / Olhai nossas famílias e os seus filhos; / olhai nossos pais e mães; / olhai os jovens e idosos; / olhai nossa sociedade, nossa Pátria, nossa cidade! / Senhor, ajudai-nos a não nos tornarmos lenha seca, / sem vida e sem vós!

Pai-Nosso - Glória ao Pai - **N. S. das Dores, rogai por nós!**

9ª. ESTAÇÃO
JESUS CAI PELA TERCEIRA VEZ

CANTO: Cai terceira vez prostrado,/ pelo peso redobrado,/ dos pecados e da cruz. **(bis)**

Pela Virgem Dolorosa, vossa Mãe tão piedosa, perdoai-me, meu Jesus, perdoai-me, meu Jesus!

D — Adoramo-vos, ó Cristo, e vos bendizemos.

T — Porque pela vossa Santa Cruz remistes o mundo.

Leitor: Jesus "entregou a sua alma à morte e foi contado com os iníquos malfeitores, mas na verdade levou sobre si os nossos pecados e tornou-se intercessor pelos transgressores" (Is 53,12).

T — Senhor, Deus de misericórdia, em vós esperamos, em vós colocamos a nossa vida; / não queremos ser ingratos ao amor de Jesus, nosso Redentor./ Perdoai, bom Jesus, os nossos pecados, / intercedei a Deus por nós, / e na hora de nossa morte / salvai-nos e apresentai-nos ao Pai.

Pai-Nosso - Glória ao Pai - **N. S. das Dores, rogai por nós!**

10ª. ESTAÇÃO
JESUS É DESPOJADO DE SUAS VESTES

CANTO: Dos vestidos despojado, / por verdugos maltratado,/eu vos vejo, meu Jesus. **(bis)**
Pela Virgem Dolorosa, vossa Mãe tão piedosa, perdoai-me, meu Jesus, perdoai-me, meu Jesus!

D — Adoramo-vos, ó Cristo, e vos bendizemos.
T — **Porque pela vossa Santa Cruz remistes o mundo.**

Leitor: "Quando chegaram a um lugar chamado Gólgota, isto é, "lugar da caveira", deram-lhe para beber vinho misturado com fel; mas, provando-o, não quis beber. Depois de o terem crucificado, repartiram entre si as suas vestes, tirando a sorte sobre elas"(Mt 27, 33-35).

T — **Como é triste, ó Bom Jesus, / ter a alma vazia de Deus e longe de vós. / Como é triste nos esquecermos que somos "templos de Deus e morada do Espírito Santo"./ Senhor, tende piedade de nós /e ajudai-nos a não perder a vossa presen-**

ça em nossa alma, / a desrespeitar esta morada de Deus em cada criatura humana! / Tende piedade de nós, Senhor, pois pecamos contra vós!

Pai-Nosso - Glória ao Pai - **N. S. das Dores, rogai por nós!**

11ª. ESTAÇÃO
JESUS É PREGADO NA CRUZ

CANTO: Foi Jesus à cruz pregado, / no Calvário elevado, para a nossa salvação. **(bis)**
Pela Virgem Dolorosa, vossa Mãe tão piedosa, / perdoai-me, meu Jesus, perdoai-me, meu Jesus!

D — Adoramo-vos, ó Cristo, e vos bendizemos.
T — Porque pela vossa Santa Cruz remistes o mundo.

Leitor: "Quando chegaram ao lugar chamado Calvário, crucificaram-no a ele e aos malfeitores, um à direita e outro à esquerda. Jesus dizia: 'Perdoa-lhes, ó Pai, porque não sabem o que fazem" (Lc 23,33-34).

T — Jesus, mesmo sofrendo ainda perdoastes. / Dai-nos a graça de sempre saber perdoar. / Afastai de nossos corações o ódio, a vingança, a discórdia. / Dilatai nosso espírito para que seja acolhedor e compreensível; / que saiba perdoar como vós perdoastes./ Jesus, conservai-nos unidos como irmãos, em vosso nome.

Pai-Nosso - Glória ao Pai - **N. S. das Dores, rogai por nós!**

12ª. ESTAÇÃO
JESUS MORRE NA CRUZ

CANTO: Por nós todos padecestes, / ó Jesus, por nós morrestes! / Dai-nos sempre o vosso amor. **(bis)**

Pela Virgem Dolorosa, vossa Mãe tão piedosa, / perdoai-me, meu Jesus, perdoai-me, meu Jesus!

D — Adoramo-vos, ó Cristo, e vos bendizemos.

T — Porque pela vossa Santa Cruz remistes o mundo.

Leitor: "Os transeuntes injuriavam-no, dizendo: salva-te a ti mesmo, se és o Filho de Deus, e desce da cruz! Os escribas e anciãos caçoavam: "a outros salvou, a si mesmo não pode salvar!"... Jesus, porém, deu um grande grito: Meu Deus, meu Deus, por que me abandonaste? ...Depois exclamou: Pai, em tuas mãos eu entrego o meu espírito! dizendo isso expirou" (Mt 27,39-45; Lc 23,44-46).

T — Jesus Crucificado e no extremo limite da dor, / sozinho sentistes o peso das misérias do pecado de toda a humanidade./ Jesus, em vós toda a angústia e fragilidade humana. / Dai-nos a graça de vos amar sempre, / em todos os momentos. / Queremos nos lembrar de vós assim na cruz; / sofrendo em nós ou nos irmãos, / e como vós não nos afastar do amor a Deus.

Pai-Nosso - Glória ao Pai - **N. S. das Dores, rogai por nós!**

13ª. ESTAÇÃO
DESCIDO DA CRUZ E NOS BRAÇOS DE MARIA

CANTO: Do madeiro vos tiraram, / e à mãe vos entregaram, / com que dor e compaixão! **(bis)**
Pela Virgem Dolorosa, / vossa Mãe tão piedosa, / perdoai-me, meu Jesus, perdoai-me, meu Jesus!

D — Adoramo-vos, ó Cristo, e vos bendizemos.

T — Porque pela vossa Santa Cruz remistes o mundo.

Leitor: "Perto da cruz permanecia de pé a sua mãe... Depois, sabendo que tudo estava consumado, Jesus disse para que se cumprisse a Escritura: 'Tenho sede!'... e inclinando a cabeça, entregou seu espírito. Chegando a Jesus e vendo-o já morto, um dos soldados traspassou-lhe o lado com a lança... Depois disto, José de Arimateia pediu a Pilatos para levar o corpo de Jesus. Vieram e retiraram o corpo" (Jo 19,25.28.33-38).

T — Mãe Desolada, ajudai-nos a compreender a vossa participação em nossa salvação / e a profundidade de vosso amor para conosco. / Bondosa mãe, robustecei nossa fé; / fortalecei-nos no cumprimento da vontade de Deus; / dai-nos viver semelhantes a vós, em colocar Deus acima de tudo nesta vida. Amém.

Pai-Nosso - Glória ao Pai - **N. S. das Dores, rogai por nós!**

14ª. ESTAÇÃO
JESUS É COLOCADO NO SEPULCRO

CANTO: No sepulcro vos deixaram, / sepultado vos choraram, / corpo santo do Senhor. **(bis)**
Pela Virgem Dolorosa, vossa Mãe tão piedosa, perdoai-me, meu Jesus, perdoai-me meu Jesus!

D — Adoramo-vos, ó Cristo, e vos bendizemos.
T — Porque pela vossa Santa Cruz remistes o mundo.

Leitor: "José tomou o corpo, envolveu-o num lençol limpo, e depositou-o num túmulo novo, que tinha mandado talhar na rocha. Depois rolou uma grande pedra para a porta do túmulo e retirou-se" (Mt 27,59-60).

T — Cristo, nosso Salvador, / junto da cruz e do sepulcro tivestes presente a vossa Mãe Dolorosa; / tornai-nos participantes da vossa paixão por meio dos sofrimentos da vida. Dai-nos a graça de morrer para o pecado e viver para Deus; Cristo, Filho de Deus vivo, que pelo

batismo nos sepultastes convosco, tornai-nos cada vez mais semelhantes a vós, no mistério da vossa ressurreição, para que vivamos a vida nova da graça.

Pai-Nosso - Glória ao Pai - **N. S. das Dores, rogai por nós!**

CANTO E PRECES FINAIS

CANTO: Do sepulcro libertado, /sai Jesus ressuscitado/ Oh! que glória e esplendor! **(bis)**
Pela Virgem Dolorosa, vossa Mãe tão piedosa, perdoai-me, meu Jesus, perdoai-me meu Jesus!

Oração
D — Ó dulcíssimo Jesus, fonte de amor e salvação, nós nos arrependemos de todos os nossos pecados. Não queremos ser ingratos convosco e com Maria, nossa bondosa mãe. Prometemos viver conforme vossa santíssima vontade. Unidos com os irmãos em Comunidade, dai-nos a graça de viver e crescer no vosso amor. Senhor, que o vosso sangue derramado por mim e a vossa morte na cruz não se tornem inúteis para minha salvação.

T — E vós, Virgem das Dores, / imploramos a vossa intercessão/ para que nunca mais ofen-

damos a Jesus, vosso Filho e nosso Salvador./ Senhor, salvai-nos por vossas dores, pelo vosso sangue,/ pela vossa infinita misericórdia.

Canto final

Vitória, Tu reinarás / ó cruz, Tu nos salvarás! (bis)
Brilhando sobre o mundo/ que vive sem tua luz./
Tu és o sol fecundo de amor que nos conduz!
Aumenta a confiança, do pobre e do pecador, /
confirma nossa esperança na marcha para o
Senhor.

À sombra dos teus braços a Igreja viverá, /
por ti no eterno abraço o Pai nos acolherá.

Oração para depois da Via-sacra

Lançai, Senhor, um olhar de misericórdia sobre a vossa família aqui presente, pela qual não hesitastes sofrer nem morrer. Concedei-nos, por intercessão de Maria, vossa e nossa Mãe, ser admitidos, após a morte, no vosso Reino.

E vós, Senhor, morto pela nossa salvação, dignai-vos admitir no céu nossos irmãos, nossos parentes e amigos, e todos aqueles que hoje partiram para junto de vós. Que a vossa ressurreição faça chegar à vida eterna aqueles que repousam em vossa paz. Amém.

Prece a Cristo Crucificado

Jesus vivo e ressuscitado presente entre nós, eu vos louvo e agradeço por vosso amor tão generoso e pela maior prova de misericórdia que o Pai do Céu nos demonstrou através de vós, Divino Filho de Deus! Bom Jesus, quero amar-vos de todo coração e em toda a minha vida.

Eu vos acolho na minha alma como o tudo; quero vos reconhecer presente e não vos abandonar em todos os momentos da vida humana, principalmente na dor, na desolação, no desânimo e na tristeza, na escuridão da fé, no desprezo, nas calúnias, em tudo que for desalento. Jesus sofredor, quero sempre vos amar, e convosco na cruz amar toda a humanidade; encontrar-vos em cada irmão, em cada amargura ou lágrima, pois, sois vós – bom Jesus — que completais em nossa carne a vossa paixão! (Fl 2,5).

Maria, mãe de Jesus, como vós aos pés da cruz eu quero também amar o vosso divino Filho! Amém.

6ª. PARTE:
DEVOÇÃO A NOSSA SENHORA

A Igreja Católica ensina que o nosso amor a Maria está muito ligado a Jesus. Foi Deus que a escolheu, preparou e ornou sua alma cheia de graças tendo em vista o Filho Ungido do Pai que nela nasceu. Foi ela a escolhida para dar a Jesus, o Salvador único, o sangue e a carne humana que Ele assumiu ao se fazer homem. Maria, toda pura, toda de Deus, foi agraciada pelo Senhor. Sua alma sempre buscou a vontade de Deus. "Como uma roda segue facilmente o impulso que lhe é dado, movia-se Maria a cada impulso de Deus, com prontidão. Nos acontecimentos de sua vida, ela mostrou o quanto era pronta na obediência; demonstrou principalmente sua heróica obediência à vontade divina quando ofereceu seu Filho à morte, na Cruz", Sto. Afonso.

Ser devoto de Maria significa não só imitá-la mas também lhe pedir que nos dê os mesmos sentimentos de seu coração e do coração de seu filho Jesus. Com ela a Jesus, com ela buscar a união e a vontade de Deus.

RAINHA DO CÉU

Rainha do céu, alegrai-vos, aleluia!

Porque Aquele que merecestes trazer em vosso puríssimo seio, aleluia!

Ressuscitou, como disse, aleluia!

Rogai a Deus por nós, aleluia!

Exultai e alegrai-vos, ó Virgem Maria! Aleluia!

Porque o Senhor ressuscitou verdadeiramente, aleluia!

Oremos: Ó Deus, que vos dignastes alegrar o mundo com a ressurreição de vosso Filho Jesus Cristo, Senhor nosso, concedei-nos, vos suplicamos, que por sua Mãe, a Virgem Maria, alcancemos a alegria da vida eterna. Por Cristo, nosso Senhor.

— Amém.

CONSAGRAÇÃO A NOSSA SENHORA

Ó Senhora minha, ó minha Mãe, eu me ofereço todo(a) a vós. Em prova desta minha devoção para convosco eu vos consagro, neste dia, os meus olhos, os meus ouvidos, a minha boca, o meu coração e todo o meu ser. Desta maneira quero ser vosso(a), bondosa Mãe, guardai-me, defendei-me como o(a) filho(a) que a vós pertence. Amém.

À VOSSA PROTEÇÃO

Debaixo de vossa proteção recorremos, Santa Mãe de Deus; não desprezeis as nossas súplicas nem nos abandoneis em nossas necessidades, mas livrai-nos sempre de todos os males e perigos, vós mãe de Jesus e nossa mãe, Virgem gloriosa e bendita. Amém.

ORAÇÃO DE CONFIANÇA EM MARIA

Maria, mãe de Jesus, cheio de confiança eu me aproximo de vós. Já que tendes o grande desejo de socorrer os mais necessitados, os pecadores, todos os vossos filhos, aqui estou para vos pedir: socorrei-me sem demora, bondosa mãe! (*fazer o pedido de alguma graça*).

Vós nos cativais com a vossa beleza, com a vossa alma cheia de Deus. Com o grande amor que tendes por Jesus e por todos nós, também vos foi dada a missão de nos acolher como filhos ao gerar Jesus e o entregar como Salvador e Redentor da humanidade.

Arrebatai, eu vos rogo, arrebatai o meu coração e a minha vontade, tudo o que sou. Em vossas mãos eu entrego e consagro a minha vida para que esteja sempre unida, convosco e com Jesus, à vontade santa de Deus.

Maria minha bondosa mãe, dai-me a graça de sempre recorrer a vós com amor e confiança.

MISTÉRIOS DO ROSÁRIO

A devoção à oração do rosário, no dizer de João Paulo II, é "contemplar o rosto de Cristo na companhia e na escola de Maria, sua mãe Santíssima". Quem reza o rosário não se esquecerá de Jesus e sua mãe e o quanto nos amam! O rosário pode ser rezado em partes, durante o dia. Importante é a oração que no eleva a Deus, juntos com Maria.

MISTÉRIOS DA ALEGRIA
(Segundas e sábados)

Primeiro Mistério
(Leitura Bíblica: Lc 1,26-38)
No primeiro mistério contemplamos a anunciação do anjo a Nossa Senhora e aprendemos dela a virtude da humildade.
Pai-nosso, 10 Ave-Marias, Glória ao Pai...
Todos: Ó meu Jesus, perdoai-nos, livrai-nos do fogo do inferno, levai as almas todas para o céu e socorrei principalmente as mais necessitadas.

Segundo Mistério *(Lc 1,39-56)*

No segundo mistério contemplamos a visita de Nossa Senhora a Santa Isabel e aprendemos dela a caridade para com o próximo.

Pai-nosso, 10 Ave-Marias, Glória ao Pai...

Terceiro Mistério *(Lc 2,1-16)*

No terceiro mistério contemplamos o nascimento de Jesus em Belém e aprendemos o desapego dos bens terrenos e a confiança na Providência Divina.

Pai-nosso, 10 Ave-Marias, Glória ao Pai...

Quarto Mistério *(Lc 2,22-39)*

No quarto mistério contemplamos a apresentação de Jesus no templo e a purificação de Nossa Senhora, e aprendemos a obediência a Deus e a pureza em nossa vida.

Pai-nosso, 10 Ave-Marias, Glória ao Pai...

Quinto Mistério *(Lc 2,41-52)*

No quinto mistério contemplamos o encontro de Jesus no templo e aprendemos a procurar Deus em todos os caminhos da nossa vida e acima de todas as coisas.

Pai-nosso, 10 Ave-Marias, Glória ao Pai...

MISTÉRIOS DA LUZ
(Quintas-feiras)

Primeiro Mistério: Batismo de Jesus no Rio Jordão *(Mt 3,13-1 7; Mc 1,9-11)*.

Cristo ao descer à água do rio Jordão para ser batizado, o Céu se abre, o Pai o declara Filho Bem-amado, e o Espírito Santo confirma sua missão de Redentor da humanidade

Pai-nosso, 10 Ave-Marias, Glória ao Pai...

Todos: Ó meu Jesus, perdoai-nos, livrai-nos do fogo do inferno, levai as almas todas para o céu e socorrei principalmente as mais necessitadas.

Segundo Mistério: Primeiro milagre de Jesus nas Bodas de Caná da Galileia *(Jo 2,1-11)*.

Este foi o primeiro "sinal" ou milagre de Jesus; aconteceu em Caná transformando a água em vinho. A pedido de Maria, abre à fé o coração dos discípulos, graças à intervenção de Maria

Pai-nosso, 10 Ave-Marias, Glória ao Pai...

Terceiro Mistério: Jesus anuncia o Reino de Deus e convida à conversão.

A intensa pregação e os ensinamentos de Jesus anunciam a chegada do Reino de Deus e o tempo da divina Graça e da Misericórdia, convidando-nos à conversão.

Pai-nosso, 10 Ave-Marias, Glória ao Pai...

Quarto Mistério: Jesus se transfigura no Monte Tabor.

A Transfiguração representa a glória da Divindade que transparece no rosto de Jesus. Os apóstolos ouvem a voz do Pai: "Eis o meu Filho muito amado. Ouvi-o" (cf. Mt 17,1-13; Mc 1,12).

Pai-nosso, 10 Ave-Marias, Glória ao Pai...

Quinto Mistério: Jesus institui a Eucaristia.

Na Eucaristia, testemunho emocionante de seu Amor, Jesus se oferece em sacrifício por nós ao Eterno Pai e se faz nosso alimento, doando-nos o seu Corpo e o seu Sangue (cf. Mc 14,22).

Pai-nosso, 10 Ave-Marias, Glória ao Pai...

MISTÉRIOS DA GLÓRIA
(Quartas e domingos)

Primeiro Mistério *(Jo 20,11-18)*
No primeiro mistério contemplamos a ressurreição de Jesus Cristo e aprendemos a praticar as virtudes da fé e da confiança em Deus.
Pai-nosso, 10 Ave-Marias, Glória ao Pai...
Todos: Ó meu Jesus, perdoai-nos, livrai-nos do fogo do inferno, levai as almas todas para o céu e socorrei principalmente as mais necessitadas.

Segundo Mistério *(At 1,1-11)*
No segundo mistério contemplamos a ascensão de Jesus Cristo ao céu e aprendemos a aumentar a esperança e a confiança em Deus.
Pai-nosso, 10 Ave-Marias, Glória ao Pai...

Terceiro Mistério *(At 2, 1-13)*
No terceiro mistério contemplamos a vinda do Espírito Santo sobre os Apóstolos e aprendemos a rezar sempre pedindo a luz de Deus e a ter zelo pela salvação dos irmãos.
Pai-nosso, 10 Ave-Marias, Glória ao Pai...

Quarto Mistério *(Gn 3,6-15)*
No quarto mistério contemplamos a assunção de Maria ao céu e lhe pedimos a graça de uma boa morte.
Pai-nosso, 10 Ave-Marias, Glória ao Pai...

Quinto Mistério *(Ap 12,1)*
No quinto mistério contemplamos a coroação de Nossa Senhora como Rainha do céu e da terra e lhe pedimos a graça de perseverar até o fim da vida no amor e na amizade com Deus.
Pai-nosso, 10 Ave-Marias, Glória ao Pai...

MISTÉRIOS DA DOR
(Terças e sextas-feiras)

Primeiro Mistério *(Mt 26,36-46)*
No primeiro mistério contemplamos a agonia de Jesus no Jardim das Oliveiras e pedimos a graça da conversão de nossa vida.
Pai-nosso, 10 Ave-Marias, Glória ao Pai...
Todos: Ó meu Jesus, perdoai-nos, livrai-nos do fogo do inferno, levai as almas todas para o céu e socorrei principalmente as mais necessitadas.

Segundo Mistério *(Mc 15,12-15)*

No segundo mistério contemplamos a flagelação de Jesus e aprendemos a praticar a mortificação dos sentidos e de tudo o que nos afasta de Deus.

Pai-nosso, 10 Ave-Marias, Glória ao Pai...

Terceiro Mistério *(Mt 27,2 7-30)*

No terceiro mistério contemplamos a coroação de espinhos de Jesus Cristo e aprendemos a combater nosso orgulho e nosso egoísmo.

Pai-nosso, 10 Ave-Marias, Glória ao Pai...

Quarto Mistério *(Jo 19,17-22)*

No quarto mistério contemplamos Jesus carregando a cruz para o calvário e aprendemos a paciência nos sofrimentos, nos contratempos e injustiças da vida.

Pai-nosso, 10 Ave-Marias, Glória ao Pai...

Quinto Mistério *(Jo 19,25-30)*

No quinto mistério contemplamos a crucificação e a morte de Jesus e aprendemos a ter amor a Deus acima de tudo e verdadeiro horror ao pecado.

Pai-nosso, 10 Ave-Marias, Glória ao Pai...

AGRADECIMENTO

(para rezar depois de cada terço)

Infinitas graças vos damos, Soberana Rainha,

pelos benefícios que todos os dias recebemos de vossas mãos. Dignai-vos, agora e sempre, tomar-nos debaixo do vosso poderoso amparo e livrar-nos de todos os perigos, Virgem gloriosa e bendita. Por isso vos saudamos com a

SALVE, RAINHA, mãe de misericórdia, vida, doçura e esperança nossa, salve!....

— Rogai por nós, Rainha do santíssimo Rosário,

— **Para que sejamos dignos das promessas de Cristo.**

Oremos: Ó Deus, cujo Filho Unigênito, pela sua vida, morte e ressurreição, nos alcançou os prêmios da vida eterna, concedei, nós vos imploramos, que, honrando nós estes mistérios pelo santíssimo rosário da bem-aventurada Virgem Maria, imitemos o que contêm e obtenhamos o que prometem. Por Cristo, nosso Senhor.

— **Amém.**

LADAINHA DE NOSSA SENHORA

Senhor, tende piedade de nós!
Jesus Cristo, tende piedade de nós!
Senhor, tende piedade de nós!

Jesus Cristo, ouvi-nos!
Jesus Cristo, atendei-nos!
Deus Pai celestial,
— **Tende piedade de nós!**
Deus Filho, Redentor do mundo.
Deus Espírito Santo,
Santíssima Trindade, que sois um só Deus,
Santa Maria,
— **Rogai por nós!**
Santa Mãe de Deus,... *Rogai por nós!*
Santa Virgem das virgens,
Mãe de Jesus Cristo,
Mãe da divina graça,
Mãe puríssima,
Mãe castíssima,
Mãe imaculada,
Mãe amável,
Mãe intacta,
Mãe admirável,
Mãe do Bom Conselho,
Mãe do Perpétuo Socorro,
Mãe do Criador,
Mãe do Salvador,
Virgem prudentíssima
Virgem venerável,
Virgem louvável,

Virgem poderosa,
Virgem clemente,
Virgem fiel,
Espelho de justiça,
Sede de sabedoria,
Causa de nossa alegria,
Vaso espiritual,
Vaso honorífico,
Vaso insigne de devoção,
Rosa mística,
Torre de Davi,
Torre de marfim,
Casa de ouro,
Arca da aliança,
Porta do céu,
Estrela da manhã,
Saúde dos enfermos,
Refúgio dos pecadores,
Consoladora dos aflitos,
Auxílio dos cristãos,
Rainha dos anjos,
Rainha dos patriarcas,
Rainha dos profetas,
Rainha dos apóstolos,
Rainha dos mártires,
Rainha dos confessores,

Rainha das virgens,
Rainha de todos os santos,
Rainha concebida sem pecado,
Rainha assunta ao céu,
Rainha do santíssimo Rosário,
Rainha da paz,
Cordeiro de Deus, que tirais o pecado do mundo,
— **Perdoai-nos, Senhor!**
Cordeiro de Deus, que tirais o pecado do mundo,
— **Ouvi-nos, Senhor!**
Cordeiro de Deus, que tirais o pecado do mundo,
— **Tende piedade de nós!**
— Rogai por nós, Santa Mãe de Deus,
— **Para que sejamos dignos das promessas de Cristo.**

Oremos: Concedei a vossos servos, nós vos pedimos, Senhor nosso Deus, que gozemos sempre da saúde da alma e do corpo e, pela gloriosa intercessão da bem-aventurada sempre Virgem Maria, sejamos livres da tristeza presente e alcancemos a eterna glória. Por Cristo, nosso Senhor.
— **Amém.**

PRECE A N. SRA. DO PERPÉTUO SOCORRO

Santíssima Virgem Maria, que para nos inspirar uma confiança sem limites, quisestes tomar o doce nome de Mãe do Perpétuo Socorro, eu vos suplico que me socorrais em todo tempo e em todo lugar; em minhas tentações, depois de minhas quedas, em minhas dificuldades, em todas as misérias de minha vida, e sobretudo no momento de minha morte.

Concedei-me, ó terna e amorosa Mãe, o pensamento e o costume de sempre recorrer a vós, porque estou certo de que, se sou fiel em vos invocar, vós sereis também fiel em me socorrer. Obtende-me, pois, esta graça de vos suplicar sem cessar, com a confiança de um(a) filho(a), a fim de que pela força desta súplica constante, obtenha o vosso Perpétuo Socorro e a perseverança final. (*fazer o pedido da graça*). Abençoai-me (*fazer o sinal da cruz*) ó terna e cuidadosa mãe, e rogai por mim agora e na hora de minha morte. Amém.

ORAÇÃO A N. S. DO PERPÉTUO SOCORRO

Ó Maria Santíssima, Mãe do Perpétuo Socorro, certo do vosso grande amor e do imenso desejo de nos oferecer vossa proteção e misericórdia, a vós imploro em minhas necessidades.

Sois bondosa e desejais e podeis ajudar-me em minhas necessidades, em minha salvação. Hoje e em todos os dias de minha vida quero vos invocar como minha Mãe do Perpétuo Socorro! Protegei-me nos combates, fortificai-me nos desfalecimentos, sustentai-me na luta contra todo mal e todo pecado. Socorrei-me sempre, e quando virdes que estou para sucumbir, estendei-me vossa mão e sustentai-me!

Quantas tentações tenho ainda de vencer até o dia de minha morte! Quantos perigos e provações me aguardam na vida! Mas vós sois minha esperança, meu refúgio, minha fortaleza! Não permitais, ó Maria, que eu perca a graça de Deus. Dai-me a graça de sempre recorrer a vós, Mãe do Perpétuo Socorro.

Socorrei-me, ó Maria, em todas as minhas necessidades espirituais e temporais, mas sobretudo na hora de minha morte. E alcançai-me do vosso Filho Jesus a salvação e a felicidade eterna. Maria, Mãe do Perpétuo Socorro, rogai por nós!

ORAÇÃO A N. SRA. DE FÁTIMA

Virgem Mãe de Deus, Nossa Senhora de Fátima, junto de vós queremos falar bem de perto ao vosso bondoso coração de mãe e suplicar a vossa proteção.

Junto de Jesus, intercedei por nós, pelas nossas famílias, nossas crianças e nossa juventude.

Dai-nos o espírito de oração para que jamais nos esqueçamos de Deus; afervorai nossos lares para que tenhamos a pureza dos costumes; a consciência reta e santa voltada para cumprir o que Deus deseja de cada um de nós.

Nossa Senhora de Fátima, ajudai-nos a vencer as tentações do ambiente do mal que nos cerca; dos maus exemplos; da falta de amor e bondade com os irmãos. Livrai-nos do rancor, do ódio, de tudo que nos separa do irmão. Livrai-nos da separação de Deus, o pecado, e não permitais que dele nos separemos eternamente. Amém.

A N. SRA. MÃE ADMIRÁVEL

Mãe de Jesus, mãe santa e admirável, mãe bondosa e repleta de zelo por nós vossos filhos, unidos convosco queremos louvar e bendizer a Deus Pai que vos criou tão santa, são sublime, admirável aos olhos dos anjos e santos do céu. Sois a mãe de Jesus, mãe de Deus que caminha conosco neste mundo até o céu.

Contemplando vossa alma agraciada pelo Senhor Onipotente, como sois bela, Mãe Admirável, em tudo semelhante a seu Filho Jesus. Maria, mãe de minha alma e que tanto desejais a minha salvação mais do que todos depois de Deus, mostrai que sois minha mãe misericordiosa! Podeis fazer-me santo(a); de vós espero esta graça. Vós que gerastes Jesus em vosso puríssimo seio, transformai também meu coração para que eu tenha os mesmos sentimentos de Cristo, meu Senhor e meu Salvador.

Mãe Admirável e Misericordiosa, rogai por nós!

CONSAGRAÇÃO A N. SENHORA APARECIDA

Maria Santíssima, que em vossa querida Imagem de Aparecida espalhais inúmeros benefícios sobre todo o Brasil, eu, embora indigno de pertencer ao número dos vossos filhos e filhas, mas cheio do desejo de participar dos benefícios de vossa misericórdia, prostrado a vossos pés, consagro-vos o meu entendimento, para que sempre pense no amor que mereceis. Consagrovos minha língua, para que sempre vos louve e propague a vossa devoção. Consagro-vos o meu coração, para que, depois de Deus, vos ame sobre todas as coisas. Recebei-me, ó Rainha incomparável, no ditoso número de vossos filhos e filhas. Acolhei-me debaixo de vossa proteção. Socorreime em todas as minhas necessidades espirituais e temporais e, sobretudo, na hora de minha morte. Abençoai-me, ó Mãe Celestial, e com vossa poderosa intercessão, fortalecei-me em minha fraqueza, a fim de que, servindo-vos fielmente nesta vida, possa louvar-vos, amar-vos e dar-vos graças ao céu, por toda eternidade. Assim seja.

RENOVAÇÃO DA CONSAGRAÇÃO A NOSSA SENHORA APARECIDA

Senhora Aparecida, eu renovo, neste momento, a minha consagração a vós, bondosa mãe. Eu vos consagro os meus trabalhos, sofrimentos e alegrias, o meu corpo, a minha alma e toda a minha vida. Eu vos consagro a minha família.

Ó Senhora Aparecida, livrai-nos de todo o mal, das doenças e do pecado. Abençoai as nossas famílias, os doentes, as criancinhas. Abençoai a santa Igreja, o Papa e os bispos, os sacerdotes e ministros, religiosos e leigos. Abençoai a nossa paróquia, o nosso pároco.

Senhora Aparecida, lembrai-vos que sois a Padroeira poderosa da nossa Pátria. Abençoai o nosso governo. Abençoai, protegei, salvai o vosso Brasil! E dai-nos a vossa bênção.

PEDINDO A PROTEÇÃO DE NOSSA SENHORA APARECIDA

Ó incomparável Senhora da Conceição Aparecida, Mãe de meu Deus, Rainha dos

Anjos, Advogada dos pecadores, Refúgio e Consolação dos aflitos e atribulados, Virgem Santíssima cheia de poder e bondade, lançai sobre nós e nossa Pátria um olhar favorável para que sejamos socorridos em todas as necessidades. Lembrai-vos, Mãe Aparecida, que jamais abandonastes quem vos invocou pedindo proteção.

Animado com esta confiança, a vós recorro, minha bondosa Mãe, minha protetora, minha consolação e guia, minha esperança e minha luz na hora da morte. Ajudai-me nas tentações, libertai-me dos vícios, e jamais permitais que me distancie de vós ou me separe de Jesus, vosso Filho, através do pecado.

Virgem bendita, intercedei e livrai-nos da peste, da fome, das guerras, dos raios, das tempestades e de outros perigos e males que nos possam flagelar. Soberana Senhora, dignai-vos dirigir-nos em todos os negócios espirituais e temporais. Protegei nossa fé para que trilhando o caminho das virtudes possamos vos contemplar, amar e gozar convosco da eterna glória do céu, pelos séculos dos séculos. Amém.

INVOCAÇÕES A N. SENHORA APARECIDA

— Senhora Aparecida, *o Brasil é vosso!*

— Maria, Mãe de Deus e nossa mãe, *recorremos a vós!*

— Rainha do Brasil, *abençoai a nossa Pátria!*

Tende compaixão de nós *E salvai o vosso povo!*

Socorrei os pobres! *Tende piedade de nós!*

Consolai os aflitos! *Tende piedade de nós!*

Iluminai os que não têm fé! *Tende piedade de nós!*

Convertei os pecadores! *Tende piedade de nós!*

Curai os nossos enfermos! *Tende piedade de nós!*

Protegei as crianças! *Tende piedade de nós!*

Guiai a juventude! *Tende piedade de nós!*

Guardai nossas famílias! *Tende piedade de nós!*

Visitai os encarcerados! *Tende piedade de nós!*

Norteai os navegantes! *Tende piedade de nós!*

Ajudai os operários! *Tende piedade de nós!*

Orientai o nosso clero! *Tende piedade de nós!*

Assisti os nossos bispos! *Tende piedade de nós!*

Conservai o Santo Padre! *Tende piedade de nós!*

Defendei a Santa Igreja! *Tende piedade de nós!*

Guiai o nosso Governo! *Tende piedade de nós*

Dai a Paz ao nosso povo! *Tende piedade de nós*

Tranqüilidade para a nossa terra! *Tende piedade de nós!*

Prosperidade para o Brasil! *Tende piedade de nós!*

Salvação para a nossa Pátria! *Tende piedade de nós!*
Senhora Aparecida, *o Brasil em vós confia!*
Senhora Aparecida, *o Brasil em vós espera!*
Senhora Aparecida, o Brasil vos aclama Padroeira e Rainha! Dai-nos vossa bênção de Mãe! Assim seja!

A NOSSA SENHORA POR UMA BOA MORTE

Ó Maria, concebida sem pecado, rogai por nós que recorremos a vós. Ó Refúgio dos pecadores, Mãe dos agonizantes, não nos desampareis na hora da nossa morte, mas alcançai-nos um sincero arrependimento de nossos pecados, uma grande esperança na misericórdia divina e uma digna recepção do Sacramento da Santa Unção, para que possamos, seguros, apresentar-nos ante o trono do justo, mas também misericordioso Juiz, Deus e Redentor nosso. Amém.

CONSAGRAÇÃO À IMACULADA CONCEIÇÃO

Maria, Mãe Imaculada, eu quero pertencer inteiramente ao vosso coração de Mãe Imaculada e dedicar-me de corpo e alma ao vosso serviço e amor.

Para isso, dou-me todo(a) a vós e faço neste momento o meu compromisso de vos amar cada vez mais, nunca descansar no esforço de vos ser cada vez mais dedicado e devoto. Dentro deste propósito não vos quero negar nada, mas fazer tudo para vos contentar e glorificar, ó vós, Mãe de Jesus, Imaculada e preparada por Deus como morada santa de seu Filho Unigênito.

Que o vosso nome jamais se aparte de meus lábios e de meu coração. Que o pensar e trabalhar por vós seja a minha preocupação constante. Que a vossa imagem seja luz que ilumine os meus olhos. Seja o vosso Coração Imaculado, ó Maria, o santuário em que me estabeleça e me consuma todo por Deus e pelos meus irmãos.

Virgem Imaculada, fazei-me santo(a) segundo os desejos de Jesus, na vocação que ele me destinou. Quero vos amar, aceitai-me junto de vós, para sempre.

Faço a intenção de renovar esta consagração em todos os momentos e circunstâncias de minha vida, até o ultimo momento de minha morte. Assim, bondosa mãe, junto de vós entregarei ao Pai o meu espírito e retornarei convosco à casa paterna. Amém.

ORAÇÃO A NOSSA SENHORA DA GUIA

Ó Maria Santíssima, eu vos louvo e bendigo, porque aceitastes gerar, por obra do Espírito Santo em vosso seio puríssimo, Jesus, o Filho de Deus, o Salvador do mundo. Assim vos tornastes Mãe e a primeira discípula daquele que veio para ser a Luz de todos os povos, o Caminho, a Verdade e a Vida.

Vós, que levastes Jesus em vosso seio puríssimo para santificar João Batista e sua mãe Isabel; vós, que amamentastes o Menino Jesus; vós que o amamentastes e lhe ensinastes os primeiros passos, protegei as criancinhas e guiai todas as mães, para que elas ensinem seus filhos a amar e a seguir Jesus.

Ó Virgem bendita, guiai todos os meus passos, protegei-me em todos os perigos e livrai-me de todo o mal. E em todas as circunstâncias da minha vida, mostrai-me Jesus que é o Caminho que me conduz ao Pai, a Verdade que me liberta e a Vida que me salva.

Ó Virgem Santíssima Nossa Senhora da Guia, abençoai e guiai o nosso Papa, nossos bispos, todo o clero e o Povo de Deus. Convertei os pecadores e fazei que todos os homens e mulheres conheçam a Jesus Cristo, nele creiam e nele tenham a salvação. Amém.

7ª. PARTE
DEVOÇÃO AOS SANTOS

"Que Deus abra vosso coração... para que saibais qual a riqueza da herança com os santos" (Ef 1,18).

O culto aos santos, diferente da adoração que se faz a Deus, é um ato público de veneração, estima e admiração que temos por alguém. É memória ou recordação. Uma pessoa cristã que viveu o seu batismo, e deu testemunho de Jesus Cristo e do Evangelho no mundo, chamamos de "santo". Alguns tendo sido grandes pecadores, se converteram radicalmente a Deus e ao próximo. Deram testemunho com palavras, com atos e exemplos de fé. Por isso eles são modelos de conversão, de santidade, modelos de vida.

Ter estes exemplos é coisa boa. São Paulo mesmo pede que sigamos o seu exemplo: "Aprendestes de nós como vos deveis comportar para agradar a Deus" (1Ts 4,1). Ele se apresenta como modelo pessoal: "Sede meus imitadores... Sede meus imitadores como eu o sou de Cristo" (1Cor 4,16; 11,1).

147

Todo santo não guarda para si nenhuma honra, mas proclama a bondade e santidade de Deus que nele realizou maravilhas. Unido com Jesus como um galho unido ao tronco, nada se faz sem Jesus, nada é santo sem Ele (Jo 15). Jesus, o Santo, presente em nós é que nos faz santos; e somos chamados a viver este modo novo de vida unidos a Ele (Ef 3,1ss).

ORAÇÃO A SÃO JOSÉ

Deus de misericórdia, oferecestes a toda a humanidade vossa maior prova de amor através de Jesus Cristo, nosso Redentor. A vós recorro, ao lado de São José por vós escolhido para cooperar, junto com Maria, na obra da Redenção de todo o mundo. A vós, São José, pelos dons e méritos com que Deus enriqueceu vosso espírito, recorremos em nossas necessidades do corpo e da alma. Acolhei com bondade nossas preces e alcançai-nos as graças que vos pedimos nesta prece. *(Silêncio para preces individuais.)* Bondoso São José, acolhei-nos junto a vossa família de Nazaré. Convosco, e ao lado de Maria e de Jesus, esperamos viver santamente até a hora de nossa morte. São José, rogai por nós. Amém.

LADAINHA DE SÃO JOSÉ *(rezar ou cantar)*

Senhor, tende piedade de nós.

Jesus Cristo, tende piedade de nós.

Senhor, tende piedade de nós.

Jesus Cristo, ouvi-nos.

Jesus Cristo, atendei-nos.

Deus Pai do céu, *tende piedade de nós!*

Deus Filho Redentor do mundo,

Deus Espírito Santo,

Santíssima Trindade que sois um só Deus,

Santa Maria, *rogai por nós!*

São José, *rogai por nós!*

Esposo da Mãe de Deus,

Guarda da Virgem Maria,

Pai adotivo do Salvador,

Protetor zeloso de Jesus,

Chefe da Sagrada Família,

José puríssimo,

José castíssimo,

José prudentíssimo,

José obediente a Deus até a morte,

São José, modelo de paciência,

Padroeiro dos operários,

Modelo dos pais de família,

Amparo de nossos lares,

Pai da Divina Providência,

Consolador dos aflitos,
Esperança dos enfermos,
Padroeiro da boa morte,
Protetor da Santa Igreja
Cordeiro de Deus que tirais o pecado do mundo,
perdoai-nos, Senhor!
Cordeiro de Deus que tirais o pecado do mundo,
ouvi-nos, Senhor!
Cordeiro de Deus que tirais o pecado do mundo,
tende piedade de nós!

Oremos:

Ó Deus que por uma inefável providência vos dignastes escolher o bem-aventurado São José para esposo de vossa Mãe Santíssima, concedei-nos que aquele mesmo que na terra veneramos como protetor, mereçamos tê-lo no céu por nosso intercessor. Vós que viveis e reinais por todos os séculos dos séculos. Amém.

ORAÇÃO DOS TRABALHADORES A SÃO JOSÉ

Glorioso São José, modelo de todos os que se dedicam ao trabalho, obtende-nos a graça de trabalhar com consciência, cumprindo com fidelidade nossos deveres. De trabalhar com reconhecimento e alegria, tendo como honra poder usar, pelo trabalho, as qualidades recebidas de Deus e poder colaborar na obra da criação e aperfeiçoamento deste mundo. São José, ajudai-nos a trabalhar com ordem, com paz, moderação, paciência e eficiência, sem nunca recuar perante o cansaço e as dificuldades. Trabalhar em espírito de penitência para expiar nossos pecados; trabalhar sobretudo com desapego e dedicação a serviço dos que dependem do nosso esforço.

Glorioso São José, concedei o espírito cristão de justiça e de paz ao mundo do trabalho. Ajudai-nos a ser justos em nossos direitos e respeitoso aos direitos de nosso irmão. Que os patrões e empregados se tratem como irmãos e filhos do mesmo Pai; que se convertam os que ignoram a dignidade da pessoa humana e exploram a fraqueza do mais pobre.

Convosco, São José, agradecemos a Deus a saúde, a força, a disposição e as habilidades que nos permitem providenciar o sustento de nossos familiares e ser membros úteis da sociedade. Como vós, São José, queremos tudo fazer por Jesus, tudo por Maria; abençoai-nos para que possamos servir e crescer no amor aos irmãos. Amém.

ORAÇÃO A SÃO JOSÉ PELO POVO DE DEUS

A vós, São José, recorremos em nossas necessidades e, depois de ter implorado o auxílio de vossa santíssima esposa, cheios de confiança solicitamos também o vosso patrocínio. Por esse laço sagrado de amor, que vos uniu à Virgem Imaculada, Mãe de Deus, pelo amor paternal que tivestes a Jesus, ardentemente vos suplicamos que lanceis um olhar benigno sobre o povo, que é a herança que Jesus Cristo conquistou com seu sangue, e nos socorrais com o vosso auxílio e intercessão junto de Deus.

Protegei, ó guarda providente da divina Família, o povo eleito de Jesus Cristo. Afastai para longe de nós, ó pai amantíssimo, o erro e o vício. Assisti-nos do alto do céu, ó nosso fortíssimo sustentáculo, na luta contra o poder das trevas e, assim como salvastes da morte a vida ameaçada do Menino Jesus, defendei também agora a santa Igreja de Deus das ciladas dos seus inimigos e de toda a adversidade. Amparai a cada um de nós com vosso constante patrocínio, a fim de que, a vosso exemplo e sustentados com vosso auxílio, possamos viver virtuosamente, morrer piedosamente e obter no céu a eterna bem-aventurança. Amém.

A SÃO JOSÉ PELA FAMÍLIA

Sob vossa proteção recomendo, ó São José, nossa casa, nossa família e de maneira especial nossos filhos. Guardai-nos, protegei-nos, defendei-nos de todo o mal. Sede para nós um amparo constante nas dificuldades da vida, nas doenças, no desânimo e na tristeza. Ajudai-nos a ser fiéis a Deus no caminho do bem e na fidelidade de nossos deveres familiares. Ajudai-nos a transformar nosso lar em um lugar do amor de Deus e de seu santo temor. Que saibamos caminhar em nossa rotina diária, sem perder a união, a alegria e a paz. São José, rogai por nós! Amém.

A SANTO ANTÔNIO

A vós, glorioso Santo Antônio, fiel servo de Jesus, cheio de confiança eu vos imploro: Ajudai-me a ser fiel a Deus até o momento de minha morte. Fortificai minha fé, fortalecei minha esperança e amor a Deus. Dai paz e harmonia a minha família. Protegei-me nas tentações de pecar e renegar minha religião. Dai-me paciência em ouvir, sabedoria em falar, prudência no agir. Abençoai meus negócios para que seja bom administrador dos bens de Deus.

Glorioso Santo Antônio, curai-me nas doenças e defendei-me dos acidentes. Ajudai-me a ser compreensivo, bondoso, pronto em ajudar os meus irmãos. Ao deixar este mundo, conduzi-me, glorioso Santo Antônio, até o céu para convosco louvar e bendizer eternamente o Deus de infinito amor por tudo que me concede nesta vida. Amém.

ORAÇÃO A SANTA EDWIGES

Bondoso Jesus Cristo, que ensinastes à bem-aventurada Santa Edwiges passar de todo o coração, das pompas do século para o caminho humilde de vossa Cruz, concedei-nos pelos seus méritos e exemplos aprender a calcar aos pés as vaidades passageiras do mundo. Santa Edwiges, ajudai-me a abraçar a cruz; a superar toda dificuldade, todo obstáculo para seguir Jesus. Dai-me a graça de vencer as adversidades que me sobrevierem; quero seguir os passos de Jesus na mesma fidelidade com que o seguistes. Amém.

SÚPLICA A SANTA EDWIGES

Santa Edwiges, vinde em nosso auxílio.

Santa Edwiges, farol da fé cristã, rochedo de santidade, espelho do amor divino, vinde em nosso auxílio.

Santa Edwiges, ardente discípula de Cristo, humilde serva de Nosso Senhor, modelo do amor à Cruz, vinde em nosso auxílio.

Santa Edwiges, bondosa mãe dos pobres, auxílio dos doentes, refúgio dos oprimidos, vinde em nosso auxílio.

Santa Edwiges, modelo das mães cristãs, guarda do sagrado matrimônio, flor da Santa Igreja, vinde em nosso auxílio.

Santa Edwiges, amparo dos necessitados e dos desvalidos, vinde em nosso auxílio.

Santa Edwiges, socorro dos endividados e angustiados com o sustento de suas famílias, vinde em nosso auxílio.

Santa Edwiges, modelo de amor e caridade para com todos, nesta prece eu vos suplico, vinde em nosso auxílio.

Santa Edwiges, vinde em nosso auxílio e junto convosco eu quero pedir a Deus esta graça... (*dizer a graça que deseja alcançar*). Pela caridade que praticastes e pelo amor que tivestes a Jesus através dos mais necessitados, eu coloco em vossas mãos o meu pedido. Ajudai-me a cumprir a vontade de Deus e jamais dele me afastar. Amém.

A SANTA EDWIGES PELO ARREPENDIMENTO DOS PECADOS

Meu Senhor e meu Deus, por intercessão de Santa Edwiges eu vos peço: purificai o meu coração e santificai a minha alma. Santa Edwiges ,alcançai de Deus a graça do arrependimento de meus pecados, a força para repelir as tentações; a constância em corrigir os meus erros e vícios. Quero sempre perdoar meus irmãos; praticar a caridade; rezar sempre como Jesus nos mandou. Desta maneira, minha bondosa padroeira, seguirei os vossos exemplos e serei fiel a Jesus. Santa Edwiges, socorrei-nos em nossas necessidades. Amém.

ORAÇÃO A SANTO EXPEDITO

Deus Pai, Deus de bondade e misericórdia, eu vos suplico, por intercessão de Santo Expedito, todas as graças espirituais necessárias para minha salvação, e vossa ajuda para que eu tenha uma vida digna em minha família e em meus negócios.

Glorioso Santo Expedito, concedei-me a fé ardente e corajosa, a constância na prática do bem. Ajudai-me a ver as necessidades de meus irmãos. Iluminai minha inteligência para que veja o bom caminho; inflamai minha vontade para que possa tomar decisões acertadas, purificai meu coração e santificai minha alma para que vos ame de todo coração.

Santo Expedito intercedei por mim, *(fazer o pedido da graça particular que deseja.)* Meu bondoso e Santo Mártir, atendei minhas preces e ajudai-me a ter um procedimento cristão e exemplar, uma vida correta e santa. Amém.

A SANTO EXPEDITO PEDINDO A FÉ

Glorioso Mártir Santo Expedito, que acolhestes o dom da Fé e vos guiastes para Deus, abri os olhos de minha alma para acolher Deus como o tudo de minha vida. Não permitais que eu perca a luz da Fé, e o amor por Jesus e tudo que ele me ensina através de sua Igreja.

Santo Expedito, nas dificuldades e tentações, nas doenças que podem me afligir, em meus negócios e trabalhos que jamais eu perca a fé e a confiança em Deus que dirige os meus passos. Livrai-me da idolatria dos deuses de hoje: a vaidade, o orgulho, o apego às riquezas, a inveja, a ganância, o ódio, a vingança, a sede por prazeres pecaminosos. Ajudai minha alma a ser firme na fé! Amém.

INVOCAÇÃO A SANTO EXPEDITO

Senhor, tende piedade de nós.

Cristo, tende piedade de nós.

Senhor, tende piedade de nós.

Santa Maria, Mãe de Deus, *rogai por nós!*

São José, esposo de Maria, rogai por nós.

Santos Apóstolos do Senhor Jesus, *rogai por nós*.

Santos Mártires do Senhor Deus, *rogai por nós*

Santo Expedito, servo do Senhor nosso Deus, *rogai por nós!*

Santo Expedito, pronto em nos ouvir, *rogai por nós!*

Santo Expedito, firme defensor da fé, *rogai por nós!*

Santo Expedito, exemplo de conversão, *rogai por nós!*

Santo Expedito, leal com Jesus nas tentações, *rogai por nós!*

Santo Expedito, seguidor fiel de Jesus, *rogai por nós!*

Santo Expedito, fiel testemunha de Jesus, *rogai por nós!*

Santo Expedito, generoso com nossas preces, *rogai por nós!*

Santo Expedito, protetor em nossas angústias. *rogai por nós!*

Glorioso Santo Expedito:

Quando o desânimo invadir nossa vida.

Socorrei-nos, glorioso Mártir!

Quando nos tornarmos mesquinhos com os irmãos.

Socorrei-nos, glorioso Mártir!

Quando a ganância atormentar nosso coração.

Socorrei-nos, glorioso Mártir!

Quando somos tentados em nossa fé.

Socorrei-nos, glorioso Mártir!

Quando chegar o momento de nossa morte.

Socorrei-nos, glorioso Mártir!

Cordeiro de Deus que tirais o pecado do mundo,
Perdoai-nos, Senhor!

Cordeiro de Deus que tirais o pecado do mundo,
Ouvi-nos, Senhor!

Cordeiro de Deus que tirais o pecado do mundo,
Tende piedade de nós!

Oremos:

Jesus, Filho de Deus, pelas preces de Santo Expedito, dai-nos ser firmes na Fé como a rocha, cheios de esperança e o amor ardente por vós, em todos os momentos de nossa vida. Santo Expedito, intercedei por nós. Amém.

PEDIDO A SANTO EXPEDITO

Santo Expedito, eu louvo e bendigo a Deus, que vos iluminou para a fé e vos deu forças para testemunhá-la com o martírio. Pela vossa determinação em resistir ao demônio, que tentou impedir a vossa conversão, obtende-me a graça de resistir às tentações e jamais deixar para depois uma decisão que deva tomar na hora certa para meu benefício espiritual.

E já que vos tornastes tão grande intercessor junto de Deus, para causas urgentes, suplico-vos que me obtenhais a graça de (*pedir a graça desejada*) ... , pela qual desde já agradeço à misericórdia de Deus. Amém.

Santo Expedito, rogai por nós!

ORAÇÃO A SÃO JOÃO BATISTA

Glorioso São João Batista, que fostes santificado no seio materno, ao ouvir vossa mãe a saudação de Maria Santíssima, ajudai-nos a amar Jesus em toda a nossa vida.

Vós que tivestes a missão de ser o precursor de Jesus e anunciá-lo presente entre nós, concedei-nos a graça de também anunciar o Cristo não só através de palavras mas principalmente no testemunho de nossa vida. Vós que no Rio Jordão pregastes a sincera conversão da alma, ajudai--nos a deixar os vícios, a abandonar o pecado, a realmente nos converter para o espírito do bem e amor a Deus.

Glorioso São João Batista, vós que diante do pecado do Rei Herodes não temestes pagar com a vida a proclamação da verdade, dai-nos força e coragem, firme decisão de nossa vontade em dizer "não" à facilidade com que se justificam, hoje, o prazer do sexo, a luxúria, a imodéstia e despudor de vida. São João Batista, ajudai-nos a ser firmes na fé, destemidos na proclamação da vida cristã, decididos em renunciar a tudo que não é conforme a vontade de Deus.

São João Batista, intercedei por nós junto de Jesus, o Cordeiro de Deus! Amém.

INVOCAÇÃO A SÃO PEDRO

Glorioso São Pedro, vós que fostes escolhido por Jesus como o fundamento da Igreja, o pastor universal de todos os fiéis, nós vos saudamos e professamos nossa fé em Jesus que através desta missão fala mais de perto ao nosso coração. Convosco, glorioso Apóstolo, queremos renovar nossa fé nas palavras de Jesus: "sobre esta pedra edificarei a minha Igreja... e o inferno não prevalecerá sobre ela". Dai-nos, ó São Pedro, a graça de jamais abandonar esta Igreja de Jesus; de acreditar sempre que é através da Igreja que Jesus aponta para nós o caminho, a verdade, a vida.

Divino Mestre Jesus Cristo, juntos com São Pedro que sinceramente declarou o seu amor por vós, também nós queremos vos dizer: "Senhor, vós que sabeis tudo, sabeis também que vos amamos" (Jo 21,17); como perdoastes a Pedro e suas fraquezas, perdoai todas as misérias de minha vida e ajudai-me a ser sincero em meu arrependimento, generoso em meu amor por vós.

Glorioso São Pedro, abençoai-nos como filhos da Igreja de Jesus; abençoai-nos vós como Pastor Universal da Igreja; abençoai-nos para que possamos viver as palavras de Jesus: "quem vos ouve a mim ouve, quem vos despreza a mim despreza" (Lc 10,16). Abençoai o Papa, a Igreja, e intercedei por nós. Amém.

LOUVOR A SÃO PEDRO

Bendito seja o Senhor Jesus que vos escolheu, ó querido São Pedro, como pedra sobre a qual ele construiu sua Igreja. Bendito e louvado seja nosso Senhor Jesus Cristo que vos confiou as chaves do Reino dos Céus, a Igreja, e vos constituiu como

Pastor do seu rebanho. Bendito seja nosso Senhor Jesus Cristo que estendeu sua mão para vos amparar nas dificuldades e tentações. Glória e louvor a vós, Apóstolo escolhido pelo Divino Mestre para guiar a Igreja. Bendito seja nosso Senhor Jesus Cristo que vos deu força e coragem no martírio da cruz.

São Pedro Apóstolo, rogai por nós!

AOS APÓSTOLOS PEDRO E PAULO

Ó glorioso São Pedro, sois o príncipe dos apóstolos, a pedra sobre a qual Deus edificou sua Igreja, aquele a quem o Senhor Jesus confiou a missão de apascentar as ovelhas de seu rebanho. Tomando-vos por modelo, quero proclamar sempre o meu amor a Jesus, o Cristo, Filho de Deus. De vossa poderosa intercessão junto a Deus espero a graça da fidelidade absoluta à Igreja e ao Santo Padre, o Papa, vosso sucessor. Viva eu e morra como devoto vosso e filho amoroso e obediente da Santa Igreja Católica, Apostólica e Romana.

São Paulo, servo de Cristo Jesus, chamado para ser apóstolo, escolhido para anunciar o Evangelho de Deus aos pagãos, quero agora reafirmar o firme propósito de, a vosso exemplo, não permitir que nada me separe do amor de Jesus Cristo. Ouvindo vossos ensinamentos, reafirmo a fé em Deus que ressuscitou o Senhor Jesus, ressuscitará também a nós com Jesus e nos colocará ao lado dele, juntamente convosco, na alegria do céu.

Santos Apóstolos, eu vos peço por toda a Igreja: que ela seja, cada vez mais e melhor, um exemplo de fé, esperança e caridade para todos os povos; que sejam todos os homens iluminados pela luz que é Jesus Cristo, resplandecente na face da Igreja, para a glória da Santíssima Trindade. Amém.

ORAÇÃO A SANTA TERESINHA

Senhor Jesus, vós que conduzistes Santa Teresinha no caminho da santidade, através de uma vida simples e dedicada em fazer coisas pequenas com grande amor, dai-me a graça de seguir seus exemplos. A vós recorremos, Santa Teresinha, e ajudai-nos a cumprir a vontade de Deus com paz e alegria, no silêncio e no cotidiano da vida em minha família. Bondosa Santa Teresinha, acendei uma luz nas noites escuras de meus temores, medos, dúvidas e ansiedades. Acima de tudo eu vos peço, a graça de amar com sinceridade e dedicação a meu próximo, fazendo tudo como faria para o próprio Jesus.

Vossa vida também foi cercada de sofrimentos e doença; em todos os momentos não perdestes a simplicidade e candura da alma em dizer "sim" à vontade de Deus. Com docilidade deixastes Jesus conduzir vossos passos no caminho da santidade; Santa Teresinha, ajudai-me a cumprir com a mesma generosidade a missão que o Senhor me confiou. Dai-me coragem na dor; paciência nas tribulações; confiança na Providência Divina; o arrependimento de meus pecados e o propósito de uma vida nova, na graça de Deus. Santa Teresinha, rogai por nós. Amém.

A SANTA TERESINHA DO MENINO JESUS

Ó Santa Teresinha, sois exemplo de simplicidade e humildade e sempre vos colocastes nas mãos do Pai. Intercedei junto a Deus para que compreendamos o caminho, que leva ao céu; ajudai-nos a vencer o egoísmo e o orgulho que nos afastam do Reino de Cristo e andemos sempre no caminho do amor, da justiça e da paz. Fazei com que compreendamos a mensagem do Evangelho de Jesus e sejamos atraídos a viver o ideal cristão da caridade fraterna pelo espírito de desapego, de serviço e doação. Santa Teresinha do Menino Jesus, rogai por nós e protegei-nos. Amém.

EM HONRA DE SÃO SEBASTIÃO

Ó Deus todo-poderoso e Deus forte, concedei-nos por intercessão do vosso mártir São Sebastião o espírito de fortaleza. Que aprendamos com ele a distinguir os valores da vida terrena e os valores eternos, para obedecer mais a vós do que aos homens. Em qualquer situação da vida e de trabalho, tenhamos o vosso Espírito para saber escolher o que é mais justo, mais correto, o que é da vossa vontade.

Glorioso mártir São Sebastião, dai-me uma fé que jamais vacile diante das tentações do mundo pagão que me cerca; das solicitações que fazem a alma dobrar-se diante de riquezas e prazeres endeusados. Dai-me força, coragem, testemunho de ir contra a corrente daqueles que renegam Jesus Cristo e excluem Deus nas suas vida. Amém.

A SÃO JOAQUIM E SANT'ANA

São Joaquim e Sant'Ana, alegro-me convosco pela vossa glória e por aquela honra única pela qual o Senhor vos escolheu para pais de Maria, a Mãe de Jesus. Rogai a Deus pelas famílias; que elas sejam na verdade uma comunidade de vida e de amor, a "Igreja doméstica", onde os esposos significam e participam do mistério de unidade, fidelidade e amor fecundo entre Cristo e a Igreja, ajudando-se na santificação mútua, na aceitação e educação dos filhos. Que os pais compreendam sempre mais a beleza e santidade da vocação a que foram chamados, ao constituir sua família. Que os pais sejam para os filhos, pela palavra e pelo exemplo, os primeiros mestres da fé. Que os filhos respeitem, escutem e obedeçam aos pais, honrando-os por toda a vida. Que Deus seja sempre amado e louvado em todos os lares, como o foi no vosso! Amém.

A SANTO AFONSO DE LIGÓRIO

Senhor Jesus Cristo, Divino Mestre e Redentor de toda a humanidade, pela intercessão de Santo Afonso dai-nos seguir os seus exemplos de zelo missionário, de amor aos irmãos mais pobres e abandonados. Nós vos pedimos, zeloso e dedicado pregador da paixão de Jesus e das glórias de Maria, a graça de ter um coração inflamado de amor à glória de Deus, à sua santa vontade; ser firmes na fé; humildes e dedicados à oração.

Santo Afonso, intercedei por nós, por nossa santificação e salvação; queremos seguir o Santíssimo Redentor e nunca dele nos afastar através do pecado. Seguindo os passos e os exemplos que nos deixastes, também nós queremos anunciar a misericórdia e esperança que brotam de Jesus na cruz. Ajudai-nos, pela simplicidade de vida, pela abnegação de nós mesmos, pela confiança em Maria nossa co-redentora, a tudo fazer para que a redenção de Jesus se torne copiosa em todos os corações.

Santo Afonso Maria, abençoai-nos. Assim seja.

PRECE A SÃO GERALDO MAJELA

Glorioso São Geraldo, protetor das famílias em dificuldades, protetor das mães que aguardam o nascimento de seus filhos, vós que tanto fizestes pelos pobres e necessitados, escutai minha prece e ouvi o pedido que faço a Deus junto com vossa intercessão.

Pelas chagas de Jesus Crucificado a quem tanto amastes e pelo amor constante que tivestes a Maria Santíssima, mãe de Jesus e nossa mãe, eu coloco em vossas mãos todas as necessidades e as angústias do meu coração. Glorioso São Geraldo, ouvi-me e atendei-me (*fazer seu pedido e orar sobre as dificuldades que está enfrentando*).

Por intercessão de São Geraldo, iluminai, ó Deus, a minha mente e dai-me força para que não desanime nas dificuldades. Dai-me uma fé robusta para que jamais eu fique desesperada(o) e deixe de confiar em vossa proteção.

São Geraldo, padroeiro dos pobres e amigo dos que sofrem fraquezas e doenças, abençoai minha família e estendei vossa mão sobre mim invocando a proteção em nome de Jesus e Maria. Assim seja.

A SÃO BENEDITO

São Benedito, humilde servo de Jesus, em vossa vida tanto sofrestes na pobreza, no desprezo dos homens, no peso dos trabalhos, no serviço simples de cozinheiro, e no entanto jamais desprezastes alguém, e nunca conservastes mágoa no coração. Bondoso São Benedito, santo do povo humilde, ajudai-me também a ser assim, sem mágoas, sem ódio, sem vaidade, sem apegos, sem orgulho. Quando injuriado, que eu saiba manter a calma; quando desprezado, eu tenha um coração humilde; quando maltratado pelo desprezo, eu saiba sorrir. São Benedito, dai-me um coração cheio de amor a Deus e aos meus irmãos, pois eu quero também espalhar o bem, a bondade, o amor e a paz. Ajudai-me a fazer as coisas mais simples com dedicação, com simplicidade, com espírito de serviço que nos une na caridade e amor de Jesus.

São Benedito, olhai por nós que recorremos a vós.

A SÃO BRÁS

Ó bondoso São Brás, zeloso bispo e pastor da Igreja, através do martírio testemunhastes vossa fé e vosso amor a Jesus Cristo. Obtende-me a graça de ser fiel à missão que Deus me confiou nesta vida. Quantas vezes vos tornastes presença viva da bondade e perdão de Deus para os cristãos que conviviam convosco! Glorioso São Brás, sede para mim sinal desta bondade de Deus, e que eu jamais duvide do amor que o meu Senhor tem por mim, sua pobre e pecadora criatura.

Deus que vos concedeu também o dom de proteger seus filhos e filhas contra os males da garganta, eu vos suplico a vossa especial proteção para minha garganta, e para minha voz, para todo o meu corpo. São Brás, convosco eu quero, durante toda a minha vida, louvar e bendizer a Deus, proclamar e anunciar o seu santo nome. São Brás, rogai por nós!

EM HONRA DE SÃO FRANCISCO DE ASSIS

Ó Deus, fizestes São Francisco assemelhar-se a Jesus Cristo por uma vida de humildade e de pobreza, concedei-nos que, seguindo o seu exemplo, também nós sigamos fielmente os passos de Jesus pobre, manso e humilde de coração.

São Francisco, vós que tanto contemplastes todas as criaturas com o olhar de Deus, concedei-nos uma consciência justa em saber respeitar, cuidar de todos os bens comuns da natureza. Que a ganância, o apego, a maldade jamais nos afastem da partilha e respeito a tudo que recebemos generosamente de Deus. Amém.

A SANTA INÊS

Ó querida Santa Inês, venerada como modelo e símbolo de pureza, quero hoje colocar-me sob a vossa especial proteção. Pela vossa constância na fé, pela firmeza na esperança, pela grandeza do vosso amor a Cristo, ao qual consagrastes a vossa virgindade, e pelo eloqüente testemunho do vosso martírio, obtende-me a pureza de corpo e de alma; a santidade de vida e a dignidade de filhos e filhas de Deus.

Santa Inês, obtende-me a graça de amar a Jesus acima de tudo e a jamais desviar-me do caminho do bem, servindo sempre a Deus e aos irmãos. Santa Inês, rogai por nós! Amém.

EM HONRA DE SANTA RITA

Ó Deus poderoso e fiel, distinguistes a vossa grande serva, Santa Rita, com muitas graças e favores. Fizestes dela exemplo de mãe dedicada ao lar, de esposa compreensiva e sempre fiel à vossa vontade. A vós recorro, Santa Rita, em minhas necessidades, para que também através da paciência e bondade e sempre unido a Deus eu possa realizar o que Ele espera de mim neste momento. Santa Rita, iluminai-me e protegei-me. Pela vossa intercessão e exemplo, que eu compreenda os caminhos do Senhor e chegue à realização plena e perfeita da sua santa vontade. Amém.

8ª. PARTE
OUTRAS DEVOÇÕES DO CRISTÃO

EXAME DE CONSCIÊNCIA

(É muito oportuno a toda pessoa fazer, de maneira frequente, o exame de consciência ou revisão de vida. Perguntar a si mesmo qual o seu comportamento e atitudes referentes a Deus (sua religiosidade); referentes ao próximo, à outra pessoa (união e amor fraterno); e como trata a si mesmo (sua dignidade de filho de Deus). Após verificar suas atitudes de vida, rezar e pedir a Deus que o ajude nos seus bons propósitos. Jesus deixou na Igreja o poder de perdoar em seu nome os nossos pecados e fraquezas (Jo 20,22). Chamamos esta prática de Sacramento da Confissão.)

Examine-se:

Eu e Deus

Como me relaciono com Deus? Jesus sempre viveu unido com Deus, seu Pai, e fez a sua vontade até mesmo no sofrimento. Preocupo-me pouco com Deus? Nem sempre rezo? Demonstro minha

173

Fé? Tenho vergonha de ser cristão? Respeito o "Dia do Senhor"? Vou à missa; comungo; tenho consciência de que tenho uma comunidade cristã e nela participo com a presença, com o dízimo, com celebrações da fé? Sou batizado como católico e não procuro minha Igreja? Falo mal dela? Fico afastado e não valorizo as reuniões da minha Igreja? Sou egoísta, que só quer receber da minha Igreja e não participar com nada?

Eu e os outros

Jesus deu sua vida para salvar a todos. Ensinou: "amai-vos uns aos outros, como eu vos amei"(Jo 15,12). Pergunto-me: aceito as pessoas como elas são? Tenho paciência, sou bondoso, sei escutar, sei perdoar de coração? Gosto de me valorizar? Desprezo ou valorizo o outro? Critico, falo mal, invento coisas? Na família: como trato a esposa(o), filhos, familiares? Tenho algum vício que faz sofrer os outros e principalmente minha família? Sou falso, arrogante, desleal com os outros?

Eu comigo mesmo

Jesus foi um homem perfeito como Deus deseja que sejamos: livres, bondosos, comprometidos com a nossa vocação. Não se corrompeu pelo poder, pelo dinheiro, nem pelo prazer. Sou falso, arrogante, egoísta, orgulhoso, injusto, apegado às minhas ideias, apegado às coisas, "pão duro"? Não me esforço para aperfeiçoar o meu caráter, minha vontade, controlar meus impulsos, o sexo? Sou irresponsável diante do aborto, da infidelidade, das drogas, do abuso da bebida, da permissividade na TV e propagandas? A ganância, a injustiça, a exploração, o supérfluo, fazem de mim uma pessoa egoísta e apegada que não consegue praticar a caridade e repartir?

ATO DE CONTRIÇÃO

Senhor, eu me arrependo de todo o mal que pratiquei e do bem que deixei de fazer. Reconheço que vos ofendi, meu Deus e meu Pai, que sois digno de ser amado sobre todas as coisas. Peço perdão por todo mal contra meu próximo e minha Comunidade. Quero corrigir-me, ajudado pela força do Espírito Santo, e reparar o mal que pratiquei. Perdoai-me, Senhor, ajudai-me a não mais pecar!

COMO FAZER A CONFISSÃO

1) Após o exame de consciência e ter rezado a sós,

2) procure o Sacerdote, dizendo-lhe: "Padre, quero me confessar diante de Deus e receber o perdão de meus pecados". Em paz, conte-lhe há quanto tempo aproximadamente não se confessa, e diga-lhe as atitudes negativas nas quais você percebe que tem responsabilidade e culpa. O perdão de Jesus é dado sobre a alma que se reconhece pecadora e carente de Deus. Se esquecer algo, não se preocupe! Enquanto o Sacerdote dá a bênção de absolvição, reze novamente o ato de contrição ou oração espontânea de arrependimento: Pela vossa bondade e misericórdia, perdoai-me, Senhor, de todos, os meus pecados. Senhor, tende piedade e ajudai-me com vossa graça. Amém.

3) Faça a oração de "penitência" que o sacerdote lhe indicar ou outras orações de louvor e agradecimento pelo perdão recebido de Deus.

PRECE DE CONTRIÇÃO: Salmo 50

Ó Deus, tende piedade de mim, conforme a vossa misericórdia; no vosso grande amor, apagai o meu pecado.

Lavai-me de toda a minha culpa, purificai-me de meu pecado. Reconheço a minha culpa, meu pecado está sempre diante de mim.

Contra vós, só contra vós eu pequei, eu fiz o que é mal a vossos olhos. Mas quereis a sinceridade do coração e no íntimo me ensinais a vossa sabedoria.

Aspergi-me e ficarei puro; lavai-me e ficarei mais branco que a neve. Afastai o vosso olhar dos meus pecados, apagai todas as minhas culpas.

Criai em mim, ó Deus, um coração puro; renovai em mim um espírito resoluto. Não me rejeiteis de vossa presença e não me priveis do vosso Santo Espírito.

Devolvei-me a alegria de ser salvo e confirmai-me com um ânimo generoso. Quero ensinar vossos caminhos aos que erram e a vós voltarão os pecadores.

Senhor, abri os meus lábios e minha boca proclamará vosso louvor. Não são de vosso agrado os sacrifícios e mesmo se ofereço um holocausto vós o rejeitais, pois, meu sacrifício é minha alma penitente; não desprezais um coração arrependido!

Ó Deus, tende piedade de mim, conforme a vossa misericórdia! – *Glória ao Pai, ao Filho e ao Espírito Santo, como era no princípio agora e sempre. Amém.*

AGRADECIMENTO APÓS A CONFISSÃO

Minha alma glorifica o Senhor e tudo o que há em mim louva o seu santo nome! Minha alma louva o Senhor e não esquece nenhum de seus benefícios.

É ele quem perdoou todas as minhas culpas, que curou todas as minhas doenças; é ele que salvou minha vida do abismo, e me coroou com sua bondade e sua misericórdia.

O Senhor é misericordioso e compassivo, lento para a cólera e rico em bondade. Não é vingativo e não dura eternamente sua ira.

Não nos trata conforme nossos pecados, não nos castiga conforme nossas culpas. Como um pai se compadece dos filhos, o Senhor se compadece dos que o temem.

Ele sabe do que somos feitos, sempre se lembra de que somos pó. Nossos dias são como a erva e como a flor do campo que floresce e morre; basta que sopre o vento, desaparece, e o lugar que ocupava não voltará a vê-la.

Mas a bondade do Senhor desde sempre e para sempre é para os que o temem, e sua justiça é para os filhos dos seus filhos; é para os que guardam sua aliança e se lembram de observar seus preceitos.

Minha alma, bendizei ao Senhor e tudo o que há em mim bendizei seu santo nome!

Glória ao Pai, ao Filho e ao Espírito Santo. Como era no princípio, agora e sempre. Amém.

ORAÇÃO AO ESPÍRITO SANTO

Ó Espírito Santo, dai-me um coração grande, aberto à vossa silenciosa e forte palavra inspiradora; fechado a todas as ambições mesquinhas; alheio a qualquer desprezível competição humana; compenetrado do sentido da Santa Igreja!

Um coração grande, desejoso de se tornar semelhante ao Coração do Senhor Jesus! Grande e forte para amar a todos, servir a todos, sofrer por todos! Grande e forte para superar todas as provações, todo o tédio, todo o cansaço, toda a desilusão, toda a ofensa!

Um coração grande e forte e constante até o sacrifício, quando for necessário, e que, semelhante a Jesus Cristo, saiba cumprir humilde, fiel e virilmente a vontade Divina. Amém.

PEDINDO A INSPIRAÇÃO
DO ESPÍRITO SANTO

Ó Espírito Santo, Amor do Pai e do Filho, inspirai-me sempre o que devo pensar, o que devo dizer, como devo dizê-lo, o que devo calar, o que devo escrever, como devo agir, o que devo fazer para obter a vossa glória, o bem das almas e minha própria santificação!

Espírito Santo, Deus Eterno, dirigi meus passos, iluminai minha inteligência e fortificai minha vontade para que eu realize plenamente a vocação e missão que a mim confiastes nesta vida. Amém.

PRECE VOCACIONAL

Senhor Jesus, unidos, queremos falar bem de perto ao vosso coração; queremos ter vossa vida em nós e caminhar nos vossos caminhos. Queremos ver vossa presença sempre continuada em nosso meio e na Igreja. Queremos estar sempre assim perto de vosso coração e na vossa amizade. E para ter isso insistimos junto ao vosso Coração para que muitos jovens sejam chamados a viver na doação total a vós e no serviço ao Povo de Deus. Que tenhamos sacerdotes, religiosos e ministros santos; que haja entre nós a vossa presença de amor, vossa paz e salvação! Nós o pedimos pela intercessão da Virgem Maria, vossa e nossa Mãe, a vós que viveis com o Pai na unidade do Espírito Santo. Amém.

ORAÇÃO PELAS FAMÍLIAS

Senhor, fazei de nosso lar um lugar do vosso amor. Que não haja amargura, porque vós nos abençoais. Que não haja egoísmo, porque vós nos encorajais e estais conosco. Que saibamos caminhar para vós, em nossa rotina diária. Que cada manhã seja o início de mais um dia de entrega e sacrifício. Que cada noite nos encontre ainda mais unidos no amor e na paz. Fazei, Senhor, de nossos filhos o que vós desejais. Ajudai-nos a educá-los, a orientá-los pelos vossos caminhos. Que nos esforcemos no consolo mútuo. Que façamos do amor um motivo para amar-vos ainda mais. Que demos o melhor de nós mesmos para sermos felizes no lar. E quando amanhecer o grande dia de ir ao vosso encontro, nos concedais estarmos unidos a vós para sempre. Amém.

PELOS DOENTES

Senhor Jesus, junto com Maria Santíssima, vossa bondosa e também minha mãe, a vós recorro pedindo pela saúde de... (*dizer o nome da pes-*

soa e a doença que ela tem) Bom Jesus, os doentes recorriam a vós e vós os curastes; aos corações aflitos vós destes o consolo; enxugastes as lágrimas dos que choravam e aos desanimados destes coragem e esperança. Bom Jesus, eu recorro a vós nesta dificuldade (...) Aumentai nossa fé em vós; e se for da vontade de Deus, realizai em nós o vosso poder e a vossa graça.

Bom Jesus, eu creio em vossas palavras: "Vinde a mim, e eu vos aliviarei!" Ficai conosco, Senhor, para que nesta provação não nos separemos de Deus. Amém.

ORAÇÃO PELA UNIDADE CRISTÃ

(Liturgia episcopal anglicana)

Ó Deus, Pai de nosso Senhor Jesus Cristo, nosso único Salvador, Príncipe da Paz, dai-nos a graça de ponderar seriamente os grandes perigos causados por nossas infelizes divisões. Arrancai de nossos corações todo o ódio e preconceito e quaisquer outros obstáculos que se possam contrapor a nossa união e concórdia religiosa. Assim como não há senão um só *Corpo e um só Espírito, um só Senhor, uma só fé, um só batismo, um só Deus e Pai de todos nós,* sejamos todos um só coração e uma só alma. Unidos em Jesus, em um santo vínculo de verdade e paz, de fé e amor, e com um só espírito e uma só boca, a vós glorifiquemos. Amém.

PELOS FALECIDOS

Deus de infinita bondade, Criador e Senhor nosso, a vós elevo minha prece por nossos(as) irmãos *(nomes)* falecidos e que já repousam junto de vós.

Pai Santo, de vós viemos e para vós voltamos em vosso desígnio de amor. Quero vos agradecer e louvar pelo dom da vida que lhes destes; quero vos bendizer por todo bem que neles realizastes; como criaturas vossas eu quero também a eles me juntar para vos adorar, pedir perdão pelas nossas fraquezas, pecados e omissões. Perdoai-nos, Senhor, porque sois bom e fiel. Dai-lhes gozo eterno e a plenitude da vida junto de vós, Trindade Santa. Amém.

POR UMA BOA VIAGEM

Bom Jesus, vós que sois o "Caminho, a Verdade, a Vida", concedei-me a graça de jamais me separar de vós. Ficai comigo, Senhor, pois sem vós para onde irei?

Quero estar unido a vós em todos os momentos do meu existir, de manhã quando me levanto e de noite quando me deito; quando estiver triste ou alegre; dormindo ou acordado; sempre unido convosco, pela vossa graça e presença em minha alma. Bom Jesus, em vós confio.

De maneira especial eu vos peço: ficai comigo e guiai os meus passos nesta viagem que devo fazer. Protegei-me de todos os males; livrai-me de todos os perigos; estendei sobre mim vossa mão poderosa para que chegue, em paz, ao bom termo desta viagem.

Nossa Senhora da Guia, abençoai os irmãos que deixo ao partir, e guiai-me com vossa bondade de mãe até onde devo chegar. Assim seja!

9ª. PARTE
O QUE O CRISTÃO DEVE SABER

CATEQUESE INICIAL

Jesus disse que o Reino de Deus é como o terreno que recebe a boa semente. Nosso coração precisa receber a boa semente da Palavra e o conhecimento de Deus. Por isso é importante saber os pontos principais de nossa religião. Além de conhecer é preciso praticar e ensinar, desde pequeno, a ter o comportamento de alguém que aceita Deus e Jesus em sua vida. É preciso adquirir bons costumes cristãos. É preciso viver com a dignidade de criaturas e filhos de Deus.

Deus nos ama

Deus é amor, é a fonte de toda a vida. Fomos criados por Ele para chegarmos à plenitude de sua glória. Por isso Deus ama a todos nós como filhos e quer viver conosco (Jo 3,16).

Um só Deus em três pessoas

Deus revelou a si mesmo como três pessoas distintas, Pai, Filho e Espírito Santo, unidas no amor (Mt 28,19).

Jesus Cristo

Jesus Cristo é o Filho de Deus que se fez homem para nos salvar. Ele é verdadeiro Deus e verdadeiro homem, igual a nós, menos no pecado (Jo 3,16).

Ter fé em Jesus

A fé não é só acreditar que Deus existe e que enviou seu Filho Jesus a este mundo. É acolher a pessoa de Deus e se envolver com Ele na vida. Por isso a fé provoca um modo novo de ser e de viver conforme Jesus ensinou.

É preciso fortalecer a fé através da oração, ouvir e meditar e viver a Palavra de Deus, participando da Comunidade de Jesus que se chama Igreja.

Maria, a mãe de Jesus

Deus escolheu Maria para ser a mãe de Jesus e Jesus é Deus. Por isso nós católicos temos grande amor, veneração e respeito por ela como Mãe de Deus aqui na terra (Lc 1,26-38).

Maria, nossa mãe

Maria é nossa mãe espiritual porque nós somos irmãos de Jesus Cristo pela graça. Na cruz, Jesus confirmou sua Mãe como nossa mãe (Jo 19,26).

Ser Cristão

É ser batizado e seguir o que Jesus ensinou (Mt 7,21-28).

Ensinamentos de Jesus

Ensinou a amar a Deus de todo o coração e ao próximo como a nós mesmos. Ensinou como viver unidos com Deus, com Ele, e a querer bem a todas as pessoas. Ensinou que Deus é Pai que nos ama muito; somos filhos de Deus; ensinou a rezar, a perdoar, a servir o próximo; a procurar permanecer unidos a Ele (Jo 15,1ss).

O pecado

O pecado é tudo que fazemos por nossa livre escolha, mas prejudicando a vida dos outros e a nossa. Sempre que agimos com orgulho e egoísmo, destruímos a imagem de Deus em nós e nos outros (1Jo 1,5-10).

Com o pecado venial ou leve podemos diminuir a amizade com Deus. Porém, podemos também romper gravemente esta amizade, isto é, fazendo-a morrer em nós e como o pecado mortal.

O que fazer quando ofendemos a Deus

Pedir desculpas a Deus rezando (esta oração chama-se Ato de Contrição). A Confissão é também um meio para nos reconciliar com Deus (1Jo 2,1-2).

A Família de Deus

A grande família de Deus chama-se Igreja (Ef 4,4-6). Igreja somos nós, unidos com Jesus Cristo em nosso meio. Nessa família celebramos nossa fé e rezamos com Jesus procurando viver como Ele nos ensinou.

Organização da Igreja de Jesus (Ef 2,20)

O centro da Igreja é Jesus. As autoridades na Igreja – o Papa, sucessor de São Pedro, os Bispos, os Sacerdotes, os Ministros e animadores da Comunidade – estão a serviço dos Irmãos (Mt 16,18).

A oração

A oração é uma conversa com Deus. Jesus rezava e mandou-nos rezar sempre. Ensinou-nos a rezar o Pai-Nosso (Lc 18,1; Mt 6,9-13). Há muitos modos de rezar: rezamos em nome da Igreja, p. ex. a Missa, que se chama Oração Litúrgica;

rezamos em Comunidade (Mt 18,20); rezamos a oração pessoal em silêncio no coração (meditação) ou em forma de preces.

Amar o próximo

Jesus deixou para os cristãos um novo mandamento: "Assim como eu vos amei, amai-vos também uns aos outros" (Jo 13,34). Amamos as pessoas quando servimos, perdoamos de coração e estamos unidos como irmãos, e solidários na vida.

Os Sacramentos da Igreja

Jesus está vivo e age em nós e no meio de nós. Chamamos esta ajuda de "graça" e a celebramos nos Sacramentos. Os sacramentos são sinais ou gestos que significam a presença de Jesus em nossa vida.

Sacramento do Batismo (Mt 28,16)

O Batismo é o sinal da vida nova que começamos com Jesus (Jo 3,2-5). O Batismo perdoa os nossos pecados; e nos dá o Espírito Santo; e nos une com a pessoa de Jesus e nos torna participantes de sua Família, a Igreja. A graça do Batismo precisa ser cultivada durante toda a vida.

Sacramento do Crisma (At 8,14-17)

O Crisma aperfeiçoa as graças do Batismo para se viver como filho de Deus, para acolher o Espírito Santo de Deus, para permanecer unido e comprometido com Jesus e testemunhar a fé (Jo 14,15-17).

Sacramento da Eucaristia (Lc 22,19-20)

É a celebração que Jesus mandou os cristãos fazerem, depois de sua morte e ressurreição. Ele tomou o pão e o vinho e disse: "Tomai, comei e bebei, isto é o meu corpo, isto é o meu sangue. Fazei isto para celebrar a minha memória" (1Cor 11,23-24). A Igreja celebra esta memória na Missa.

Sacramento da Confissão (Jo 20,22-23)

Jesus deixou para a sua Igreja o sinal e o gesto do seu perdão de nossos pecados que se chama Confissão. Ao dirigir-nos ao Sacerdote confessando nossos pecados, pedimos o perdão de Jesus através da Igreja (Mt 16,18-19).

(O mais importante na Confissão é a disposição interna do coração; sentir-se pecador que precisa de Deus; rezar antes; pedir ajuda a Deus para melhorar a sua vida; só depois dirigir-se ao sacerdote para receber a absolvição.)

Sacramento da Unção dos Doentes

A unção dos doentes é um gesto e sinal que consagra a Jesus Cristo nossa vida em idade avançada ou quando nos encontramos com uma doença grave.

Sacramento da Ordem

É o sacramento que faz o cristão participar da missão de servir, em nome da pessoa de Jesus Cristo, a Comunidade Igreja (Hb 5,1-4).

Sacramento do Matrimônio

É o sacramento em que o homem e a mulher consagram a Deus o amor e a união entre eles para realizar a missão que receberam de ser pais dignos e esposos cristãos (Ef 5,25-33).

Nós cremos na vida eterna (Mt 16,26)

O cristão acolhe o que Jesus e a Igreja ensinam sobre a vida após a morte. Jesus ensinou que ele nos dará a vida eterna (Jo 14,1-9); que ele nos ressuscitará (Jo 6,40.51.54). Assim como de graça recebemos o dom da vida, de graça e pelo amor de Deus vamos receber o dom eterno do céu! Deus "nos escolheu e nos predestinou para sermos seus filhos adotivos por meio de Jesus

Cristo, conforme a decisão de sua vontade. É por meio de Jesus que temos a redenção e o perdão dos pecados, dando-nos a conhecer o mistério de sua vontade e em Cristo recapitular todas as coisas" (cf. Ef 1,1-14).

O céu (1Jo 3,2)

O céu é a posse definitiva de Deus. Tornamo-nos "benditos do Pai" se nesta terra vivemos na amizade de Deus e no amor com os outros (Jo 14,2-4).

O inferno

O inferno é a ausência de Deus, é o ódio eterno contra Deus, contra si mesmo, contra tudo e todos. É a separação da vida e da amizade de Deus.

O purgatório

Deus é nosso Pai que sempre nos ama, por isso ele ilumina, purifica e nos prepara para conviver junto dele no céu. Essa purificação chama-se "purgatório". O purgatório é um encontro decisivo com a misericórdia e com o perdão de Deus (1Cor 2,7-10).

Os Dez Mandamentos (Êx 20,2-17)

Os Dez Mandamentos, em vez de ser proibições são normas indicativas de nosso relaciona-

mento com Deus; e com a pessoa de nosso próximo e conosco mesmos e também a nossa maneira de tratar as coisas e os dons de nossa vida. Desta forma os Dez Mandamentos *indicam atitudes positivas para com Deus; para com a pessoa humana; para com a natureza e tudo que Ele criou e nos deu. Nossos deveres e conduta nascem dos Mandamentos, amor, adoração a Deus; amor recíproco ao nosso próximo.*

Os mandamentos da Lei de Deus são dez:
1. Amar a Deus de todo o coração
2. Não tomar seu santo nome em vão
3. Guardar os domingos e dias santos
4. Honrar pai e mãe
5. Não matar
6. Não pecar contra a castidade
7. Não roubar
8. Não levantar falso testemunho
9. Não desejar a mulher do próximo
10. Não cobiçar as coisas alheias.

10ª. PARTE:
A BÍBLIA, PALAVRA DE DEUS
(2Tm 3,16-17)

A Bíblia, chamada também de Sagradas Escrituras, é um conjunto de livros escritos por várias pessoas, inspiradas por Deus, durante vários séculos. Os livros do Antigo Testamento são 46 e do Novo Testamento são 27, portanto, 73 ao todo. A Bíblia narra a aliança que Deus fez com o povo de Israel (Antigo Testamento) e como se cumpriu a promessa da vinda de Jesus, salvador da humanidade (Novo Testamento).

A BÍBLIA FALA DE JESUS

A vida e a missão de Jesus e os seus ensinamentos foram contados por Mateus, Marcos, Lucas e João: chamados de os quatro evangelhos do Novo Testamento. Os apóstolos, além de pregar o Evangelho, escreveram cartas às Comunidades Cristãs, ensinando e explicando a doutrina de Jesus.

COMO USAR A BÍBLIA

Aprender a manusear a Bíblia. Localiza-se um texto procurando o Livro, depois o Capítulo e os versículos. Por exemplo, a frase "sem mim, nada podeis fazer" encontra-se no livro: Evangelho de João, Capítulo 15, versículo 5.

Não se deve ler a Bíblia ao pé da letra. É preciso estar atento à forma, à cultura, às circunstâncias em que foi escrita e o que os textos queriam dizer para as pessoas naquele tempo; e só então iluminar nossa vida de agora. Somos tentados a buscar na Bíblia argumentos que defendam nossas ideias e interesses. Por isso devemos ler a Bíblia desarmados e de coração aberto para saber o que Deus quer de nós, hoje. Só ler e conhecer a Bíblia não basta. É preciso meditar, viver e praticar os ensinamentos de Jesus.

Aconselha-se ler e estudar algum livro que explique o modo, a cultura, e os cuidados na interpretação da Bíblia para que ela não seja instrumentalizada como objeto de domínio da consciência e das pessoas. Procure estes livros numa Livraria Católica.

Temas e leituras da Palavra de Deus

O PLANO DE DEUS: Deus quer ser nosso Pai e que todos sejamos irmãos uns dos outros. Ele é o nosso Criador, o princípio e o fim de todas as coisas e de toda a História. Deus é Amor e fonte da vida, que dura para sempre.

Ler na Bíblia: 1Jo 4,9-12; Ef 1,3-10; Lc 4,16-21; Jo 1,6-14; Gn 1,1-31; Salmos 19(18); 103(102); 104(103); 148.

A PALAVRA DE DEUS: Deus falando de si mesmo se revela como Pai Criador, como Espírito Santificador e como Filho Redentor. É uma comunidade de pessoas na unidade de um só Deus. A realização do Plano de Deus ao longo da nossa história está escrita na Bíblia.

Na Bíblia: Jo 1,1-14; 6,60-69; 12,46-49; Hb 1,1-3; 4,12-14; Tg 1,22-24; Salmos 119(118); 1.

A PESSOA HUMANA: O homem foi criado para ser imagem e semelhança de Deus, como podemos contemplar em Jesus. Existe uma igualdade fundamental e uma dignidade comum entre todos, enquanto seres humanos e filhos de Deus.

Na Bíblia: Gn 1,26-31; 2,8-25; Lc 12,27-31; Jo 15,1-5; Rm 8,14-17; Gl 1,13-20; Ef 1,3-12; 1Cor 15,20-28; Salmos 8; 139(138).

A FÉ: É dom que nos faz acolher a Palavra de Deus como Projeto de Vida e de Amor para todos nós. O ato fundamental de fé é proclamar que cremos em Jesus Ressuscitado. Ela deve iluminar a nossa vida de cada dia e penetrar todas as nossas ações, fazendo-nos viver no Amor e na Esperança.

Na Bíblia: Mt 14,22-33; Mc 9,14-24; Lc 17,5-6; Jo 8,31-47; 20,24-29; Rm 3,21-31; 4, 1-25; Tg 2,14-26; Gl 3,1-29; 1Jo 1,10-12; Hb 11,1-3.6; Salmos 1; 11(10); 14(13); 121(120).

O PECADO: É opor-se ao projeto de Deus por atos, por omissão ou organização. Destrói a imagem de Deus em nós e nos outros. A misericórdia de Deus pode perdoar qualquer pecado.

Na Bíblia: Gn 3,1-24; Dt 8,11-20; Mt 4,1-3.16-21; 8,31-47; Rm 1,18-32; 5,17-19; Gl 5,13-26; 2Ts 2,7-12; 1Jo 3,7-10.

JESUS CRISTO: É o Filho de Deus que se encarnou como verdadeiro Homem. Deus nos amou tanto, que quis vir até nós para realizar o seu Projeto de Amor junto conosco. Jesus foi igual a nós em tudo, menos no pecado. Nasceu de Maria de Nazaré pelo poder do Espírito Santo. Tomou sobre si nossas dores e pecados. Ofereceu a sua vida sobre a Cruz para nos reconciliar com Deus e entre nós. Ressuscitou e permanece conosco para sempre como nosso Caminho, Verdade e Vida.

Na Bíblia: Lc 2,8-32; Mt 5,43-48; 16,13-20; Jo 3,16-18; Gl 4,4-7; Cl 1,13-20; 1-11, 1,1-4; Fl 2,5-11; 1Jo 1,1-4; Ap 5,9-14; Salmos 18(17); 23(22); 62(61) 98(97) 110(109); 130(129); 136(135).

A IGREJA — POVO DE DEUS: é a comunidade de todos os que seguem Jesus Ressuscitado. É o sacramento de nossa união com Deus e de nossa união entre nós. O seu distintivo é o Amor fraterno. Organiza sua unidade ao redor do Papa, dos Bispos, dos Sacerdotes e dos outros Ministros das comunidades:

Na Bíblia: At 2,42-47; 4,32-35; Ef 4,4-16; Mt 5,3-48; 16,13-19; 18,1-35; Jo 15,1-8; 1Cor 12,12-27; 1Pd 2,9-10; Salmos 24(23); 122(121); 127(128); 133(132).

MARIA: É a Mãe de Jesus, Mãe da Igreja, Mãe de Deus, nossa Mãe. Existem muitos títulos, mas é sempre Maria de Nazaré. Sua missão é levar-nos a Jesus e manter-nos unidos a Ele, nosso único Salvador.

Na Bíblia: Gn 3,14-15; Is 7,10-14; Lc 1,26-56; 2,1-19.41-52; 11,27-28; Jo 2,1-11; 19,25-27; At 1,12-14; Gl 4,47; Ap 12,1-16; Salmos 45(44); 67(66); 131(130).

A PARÓQUIA: É a Comunidade que reúne as famílias cristãs de um mesmo lugar. É construída sobre o anúncio da Palavra de Deus e a celebração da Eucaristia. Sua vida depende da participação de todos nos Setores ou grupos e nos Ministérios e Serviços que cada membro deve prestar, para fazê-la crescer e mantê-la unida.

Na Bíblia: Mt 25,14-25; Lc 10,1-24; Mc 6,7-12; At 1,6-11; 6,1-7; Rm 12,3-21; 1Cor 9,16-18; 12,3-30; 13,1-13; 14,1-40; Tg 5,19-20; Salmos 15(14); 33(32); 72(71); 144(143); 150.

A ORAÇÃO: É o diálogo filial de amor com o Pai, por meio de Jesus e em união com o Espírito Santo. Faz-nos crescer na fé, identificar-nos mais com Jesus e sentirmos a presença santificadora do

Espírito em nossa vida pessoal, familiar e comunitária. Deve ser alimentada sempre pela Palavra de Deus e pela caridade.

Na Bíblia: Lc 11,1-13; 18,1-14; Mt 6,1-15; 18,19-20; Jo 16,23-28; Rm 8,26-28; 1Tm 1,1-8; Tg 1,5-17; Salmos 5; 40(39); 42(41); 57(56); 67(66); 70(69); 123(122); 130(129); 143(142).

FRATERNIDADE CRISTÃ: O lema do Projeto de Deus é: Unidos em Cristo, para Viver e Crescer em Comunidade. O testamento de Jesus é: "Amai-vos uns aos outros como eu vos amei" (Jo 15,12). O Amor fraterno é a nossa resposta concreta ao Projeto de Deus. Amor que se manifesta no Servir com humildade, no Perdoar para ser perdoado, no Reunir-se em comunidade, no Doar-se e partilhar e no compromisso pela justiça na sociedade. Não dividir mas manter-se unidos em Cristo.

Na Bíblia: Mt 5,20-48; 6,9-15; 7,1-5; 18,15-35; 25,31-46; Jo 13,1-15; 15,9-16; Rm 12,9-10; 13,8-10; 1Cor 13,1-9; 1Jo 3,16-23; 4,7-21; Salmos 37(36); 50(49); 112(111).

O PROJETO FINAL: É viver com Deus para sempre. A Morte do cristão é uma passagem para a união definitiva com Deus. Mas depende de um julgamento sobre o Amor com que tratamos os outros nesta terra, principalmente os pobres e os que sofrem. Quem for aprovado no Amor fraterno, será "Bendito do Pai" para sempre. Ele nos fará participar da ressurreição de Jesus, dando-nos também um corpo de ressuscitados.

Ler na Bíblia: Mt 25,31-46.

ÍNDICE GERAL

Apresentação 5
Introdução 6
Vida de São Judas 6
A devoção aos Santos 9
O Santuário 11

1ª. Parte: Orações iniciais 13
Sinal da Cruz 13
Glória ao Pai 13
Pai-Nosso 13
Ave-Maria 13
Anjo do Senhor 14
Salve-rainha 14
Profissão de fé ou Creio em Deus Pai 15
Atos de fé, esperança, caridade 15
Ato de contrição 16
Oração à Santíssima Trindade 17
Oração de louvor 17

2ª. Parte: Viver o dia como cristão 19
Ao despertar 19
No trabalho 21

Nas refeições 22
Após as refeições 23
Ao repousar 24
Prece de proteção do dia 26
Como fazer meditação 27

3ª. Parte: Orações a São Judas Tadeu 33
Oração a São Judas Tadeu 33
Novena a São Judas Tadeu 34
Ladainha a São Judas Tadeu 54
Preces a São Judas Tadeu
em várias circunstâncias 56
Pedindo firmeza nos bons propósitos 56
Pedindo uma graça 57
Agradecimentos pela graça recebida 57
Por uma vida feliz 58
Para fazer a vontade de Deus 58
A São Judas, nas doenças 59
A São Judas, pedindo a luz do Espírito 59
A São Judas, nos momentos de revolta 60
A São Judas, nos negócios 60
Pedindo nas causas difíceis 61
A São Judas nos desânimos 62
Proteção para a família e filhos 62
Prece pela saúde 63
Para ter um dia em paz 63

Nas doenças graves 64
Para sair do desânimo e tristeza 65
Para vencer um vício 65

4ª Parte: Missa em louvor a São Judas Tadeu .. 67
Liturgia da Missa 67
Oração de ação de graças 83
Oferta de si mesmo a Deus 84
Oração de louvor 84
Oração de São Francisco 85
Pedindo a luz de Deus 86

5ª. Parte: Orações a Jesus Cristo 87
O Senhor é meu Pastor (Sl 22) 87
Invocação do nome do Senhor (Sl 62) 88
Jesus, eis-me aqui 89
Cristo Crucificado 90
Visita ao Santíssimo Sacramento 91
Devoção ao Coração de Jesus 94
Consagração ao Coração de Jesus 94
Pedido de graças ao Coração de Jesus 95
Ladainha ao Coração de Jesus 96
Louvor a Cristo, Rei 99
Via-Sacra meditada 101
Oração para depois da Via-Sacra 121
Prece a Cristo crucificado 122
6ª. Parte: Devoção a Nossa Senhora 123

Rainha do céu... 124
Consagração a Nossa Senhora 124
À vossa proteção 125
Oração de confiança em Maria 125
Mistérios do Rosário 126
Ladainha de Nossa Senhora 133
Prece a N. Sra. do Perpétuo Socorro............ 136
Oração a N. Sra. do Perpétuo Socorro 137
Oração a N. Sra. de Fátima 138
A N. Sra. Mãe Admirável................................ 139
Consagração a N. Sra. Aparecida.................. 140
Renovação da Consagração a N. Senhora...... 141
Pedindo a proteção de N. Sra. Aparecida...... 141
Invocações a N. Sra. Aparecida 143
A Nossa Senhora por uma boa morte............ 144
Consagração à Imaculada Conceição............ 144
Oração a Nossa Senhora da Guia................... 145

7ª. Parte: Devoção aos Santos 147
Oração a São José 148
Ladainha de São José 149
Oração dos trabalhadores a São José 150
Oração a São José pelo Povo de Deus 152
A São José pela família 153
A Santo Antônio 153
Oração a Santa Edwiges.................................. 154

Súplica a Santa Edwiges 154
A Santa Edwiges pelo arrependimento
dos pecados 156
Oração a Santo Expedito............................ 156
A Santo Expedito pedindo a fé.................. 157
Invocação a Santo Expedito....................... 158
Pedido a Santo Expedito 160
Oração a São João Batista.......................... 160
Invocação a São Pedro 161
Louvor a São Pedro.................................... 162
Aos apóstolos Pedro e Paulo...................... 163
Oração a Santa Teresinha........................... 164
A Santa Teresinha do Menino Jesus.......... 165
Em honra de São Sebastião......................... 166
A São Joaquim e Sant'Ana 166
A Santo Afonso de Ligório 167
Prece a São Geraldo Majela....................... 168
A São Benedito 169
A São Brás.. 170
Em honra de São Francisco de Assis 170
A Santa Inês 171
Em honra de Santa Rita.............................. 171

8ª. Parte: Outras devoções do cristão 173
Exame de consciência................................. 173
Ato de contrição... 175

Como fazer a confissão 175
Prece de contrição: Sl 50............................ 176
Agradecimento após a confissão 178
Oração ao Espírito Santo 179
Pedindo a inspiração do Espírito Santo 180
Prece vocacional 180
Oração pelas famílias 181
Pelos doentes.. 181
Oração pela unidade cristã......................... 182
Pelos falecidos 183
Por uma boa viagem................................. 183

9ª. Parte: O que o cristão deve saber.............. 185
Catequese inicial 185

10ª. Parte: A Bíblia, Palavra de Deus 194
A Bíblia fala de Jesus 194
Como usar a Bíblia................................... 195
Temas e leituras da Palavra de Deus.............. 196

A marca FSC® é a garantia de que a madeira utilizada na fabricação do papel deste livro provém de florestas que foram gerenciadas de maneira ambientalmente correta, socialmente justa e economicamente viável.

Este livro foi composto com as famílias tipográficas Times e Times New Roman e impresso em papel Offset 75g/m² pela **Gráfica Santuário.**